공부가 되는
사회
1

〈공부가 되는〉 시리즈 ⑮

공부가 되는
사회 1 정치와 법

초판 1쇄 발행 2015년 2월 9일
초판 2쇄 발행 2017년 7월 18일

지은이 조한서

책임편집 김설아
책임디자인 유영준

펴낸이 이상순
주　간 서인찬
편집장 박윤주
기획편집 한나비, 김한솔
디자인 이민정
마케팅 홍보 이상광, 이병구, 김수현, 오은애
펴낸곳 (주)도서출판 아름다운사람들
주소 (413-756) 경기도 파주시 회동길 103
대표전화 (031)955-1001 **팩스** (031)955-1083
이메일 books777@naver.com
홈페이지 www.books114.net

ⓒ2015 조한서
ISBN 978-89-6513-346-9 74340
ISBN 978-89-6513-345-2 74300 (세트)

◎ 파본은 구입하신 서점에서 교환해 드립니다.
　이 책은 저작권법에 의하여 보호를 받는 저작물이므로 무단 전재와 복제를 금합니다.

공부가 되는 사회

1

정치와 법

지음 조한서

아름다운사람들

공부가 되는
사회 1 정치와 법

아이들이 《공부가 되는 사회》를 읽으면 좋은 이유 … 6

1. 민주주의는 국민이 나라의 주인 … 8

왜 정치가 중요할까? 10 | 좋은 정치를 위해서는 날개가 필요해 13
민주주의를 처음 시작한 곳은 그리스야 16 | 우리나라의 민주주의는 어떻게 발전해 왔을까? 23

2. 민주 정치란 무엇일까? … 28

인간의 존엄성, 자유, 평등 30 | 민주주의 기본 4원칙 34
대통령제와 의원 내각제 37

3. 우리는 어떻게 정치에 참여해? … 42

정치 과정이 뭐지? 44 | 민주주의의 꽃 '선거' 49
민주주의의 학교 '지방 자치 제도' 53

4. 국가가 되려면 이 '세 가지'가 있어야 해! … 58

영토, 국민, 주권 60 ｜ 우리나라 영토는 어디까지? 63
국민과 주권 68 ｜ 국민의 의무 72

5. 법 중에 으뜸가는 법, 헌법 … 76

법에도 등급이 있어 78 ｜ 우리나라 헌법은 언제, 누가, 어떻게 만들었을까? 80
헌법과 인권 86 ｜ 헌법과 기본권 91

6. 입법부, 행정부, 사법부 … 96

국민의 대표 기관 '국회' 98 ｜ 국회에서는 어떤 일을 할까? 101
대통령은 어떤 일을 할까? 105 ｜ 행정부는 어떤 일을 할까? 112
법원은 무슨 일을 할까? 115 ｜ 헌법재판소는 어떤 일을 할까? 117
국민은 이런 일도 할 수 있어 120

7. 법을 어기면 왜 처벌받을까? … 122

법은 바로 우리 생활 속에 있어 124 ｜ 법과 다른 사회 규범은 어떻게 다를까? 127
법은 권리를 보호하고 다툼을 해결해 줘 132 ｜ 법의 종류, 사법과 공법 그리고 사회법 136
재판은 어떻게 하는 것일까? 139

아이들이
《공부가 되는 사회》를
읽으면 좋은 이유

1 우리 사회가 어떻게 돌아가는지
사회 전체의 흐름을 알 수 있습니다

민주주의란 무엇일까요? 좋은 정치란 무엇일까요? 대통령은 무슨 일을 할까요? 시장은 어떻게 생겨났으며, 물가는 왜 오르락내리락할까요? 우리나라는 얼마나 잘사는 나라일까요? 경제가 성장하면 무엇이 좋아질까요? 우리가 행복해지려면 사회의 어떤 도움이 필요할까요? 행복한 사회가 되기 위해서 우리는 어떤 역할을 해야 할까요?

신문이나 텔레비전에 나오는 뉴스는 우리 일상에서 자주 듣지만 실제로는 잘 와닿지 않는 이야기입니다. 《공부가 되는 사회》는 이처럼 어려운 정치·경제·사회 전반을 이해하고 흐름을 알 수 있도록 만들었습니다. 거대하고 복잡한 우리 사회가 정치적·경제적·사회적·문화적 영역에서 어떤 흐름으로 움직이는지, 또 사회가 제대로 작동하기 위하여 정치와 법 그리고 공동체가 어떤 기능과 역할을 수행하고 있는지, 이러한 사회적 제도는 우리에게 어떤 영향을 미치고 있으며 우리는 어떻게 참여하고 있는지, 우리 사회 전체의 큰 흐름을 이해할 수 있도록 구성하였습니다.

2 사회를 알아야 사회의 훌륭한 주인이 될 수 있습니다

플라톤은 '민주주의는 다수결의 원칙을 따르기 때문에, 다수의 사람들이 잘못된 선택을 하더라도 막을 수 없는 것이 가장 큰 단점이다.'라고 한 바 있습니다. 그렇기 때문에 민주주의에서 무엇보다 중요한 것은 사회 구성원의 똑똑한 시민 의식이라는 말도 더 하였습니다.

행복한 사회를 만들어 가기 위해서는 먼저 사회를 구성하는 시민들이 올바른 판단을 내릴 수 있는 능력이 있어야 합니다. 그런 다음 사회 참여를 통해 실현하는 것이 중요합니다. 그러려면 정치·경제·사회·문화에 대한 기초 지식과 교양이 필요합니다. 《공부가 되는 사회》는 우리 사회의 훌륭한 주인이 될 수 있는 기초 교양을 제공해 주며, 훌륭한 시민으로 성장할 수 있는 밑거름이 되어 줍니다.

3 어려운 사회 개념을 쉽게 이해할 수 있습니다

입법부, 행정부, 사법부는 어떤 기능을 하고 어떤 원리로 작동될까요? 대통령제와 의원 내각제는 어떻게 다르며, 우리나라는 왜 대통령제를 채택했을까요? 지방 자치 제도는 무엇이고, 복지는 무엇일까요? 환율과 국제 수지, 분배와 성장, 재화와 서비스, 희소성은 무엇일까요?

《공부가 되는 사회》는 사회 교과서에 등장하는 어려운 사회 개념을 암기가 아니라 사회 전반의 흐름과 배경지식을 통해 깨우치도록 구성해, 쉽게 이해할 수 있고 일상생활에서 활용할 수 있도록 똑똑하게 알려 줍니다.

4 공부의 즐거움을 깨치는 〈공부가 되는〉 시리즈

〈공부가 되는〉 시리즈는 공부라면 지겹게만 여기는 우리 아이들에게 '아, 공부가 이렇게 즐거운 것이구나!' 하는 것을 깨우쳐 줍니다. 아울러 궁금한 것이 많은 우리 아이들의 지적 호기심도 해결해 주는 시리즈입니다. 공부의 맛과 재미는 탄탄한 기초 교양의 주춧돌 위에 세울 때 그 효과가 배가됩니다. 그리고 이 기초 교양은 우리 아이들이 학습에서 자기 주도적 능력을 발휘하는 데 큰 밑거름이 됩니다. 《공부가 되는 사회》는 우리 사회의 흐름을 알고 이해하는 과정을 통해, 사회를 통찰하는 깊이 있는 안목과 사회에 대한 판단력과 사고력을 키워 훌륭한 사회인으로 성장할 수 있도록 만들었습니다.

1
민주주의는
국민이
나라의 주인

우리는 살아가면서 '정치'라는 말을 종종 듣곤 해. 어른들 말씀 중에도, 텔레비전 뉴스에서도 많이 나오는 말이지. 특히 선거 때가 되면 매일같이 듣게 돼. '선거는 민주주의의 꽃'이라는 말과 함께 말이야. 그렇다면 정치란, 선거란, 민주주의란 무엇일까? 지금부터 하나하나 알아보자꾸나.

왜 정치가 중요할까?

'정치'라는 말, 많이 듣지? 텔레비전 뉴스에서 정치라는 말이 안 나올 때가 없고, 어른들 이야기에서도 정치라는 말이 많이 나오곤 해. 또 선거 때가 되면 더욱 자주 사람들의 입에 오르내리지.

그런데 정치란 무엇일까? '나라를 다스리는 일'이 정치일까? 간단히 말하면 그렇게 이야기할 수도 있을 거야. 그렇지만 이 것은 정치의 의미를 제대로 설명한 말이라고는 할 수 없어.

나라를 다스리려면 먼저 나라를 다스릴 수 있는 힘(권력)이 있어야 해. 그리고 이 권력을 빼앗기지 않고 계속 유지해야 하지.

그러니까 정치는 나라를 다스리기 위한 권력을 차지하고, 이를 유지하기 위해 서로 협력하거나 경쟁하는 모든 활동을 말해.

좀 더 구체적으로 말하자면 정부가 정책을 세우고 실행하는 일, 국회의원이 법을 만드는 일, 선거로 대표자를 뽑는 일 등이 모두 정치라고 할 수 있어.

아리스토텔레스

그렇다면 정치는 우리 어린이들과는 아무런 관계도 없는 것일까?

그렇지 않아. 앞에서 말한 것은 '좁은 의미의 정치'이고, 넓은 의미에서는 우리가 살아가면서 하고 있는 많은 일을 정치라고 할 수 있어.

친구들과 모여 이번 주말에 함께 물놀이를 갈까, 등산을 갈까, 아니면 축구를 할까 의논해서 결정한다면 그것도 정치야. 학급 회의에서 반장을 뽑고, 학급의 중요한 일을 의논해서 결정하는 것 역시 정치란다. 또 가족회의에서 집안일을 의논하고 결정하는 일이나, 같은 아파트에 사는 사람들이 각 동의 대표를 뽑고, 그 대표들이 모여 아파트의 살림살이를 의논하고 결정하는 일도 정치에 속하지. 이런 일은 '넓은 의미의 정치'야.

정치는 이처럼 정치인들의 활동뿐 아니라, 사람이 모여 살아가면서 끊임없이 일어나는 여러 문제를 서로 의논해서 의견의 차이를 좁히고, 모두에게 이롭도록 조정해 나가는 모든 활동을 말해. 로빈슨 크루소처럼 무인도에서 혼자 살게 된 경우가 아니라면, 여러 사람이 더불어 살아가려면 반드시 정치가 필요해. 그래서 아리스토텔레스라는 철학자는 '인간은 정치적 동물이다.'라고 말하기도 했어.

인간은 정치적 동물

사람은 혼자서 살 수 없어. 많은 사람이 모여 공동체를 이루고 살면서, 서로 돕기도 하고 다투기도 하는 것이 우리가 살아가는 모습이야. 또 다툼이 일어나면 의견을 조절하여 서로 이익이 되도록 타협하고 양보도 해서, 공동체가 깨지지 않도록 노력하는 것이 현명한 삶의 방식이지.

아리스토텔레스는 이처럼 공동체를 유지하며, 공동체를 떠나서 살 수 없는 인간의 특징을 '인간은 정치적 동물'이라는 말로 표현했어. 어떤 문제에 부딪치면 폭력으로 해결하지 않고, 대화와 타협을 통해 서로에게 이익이 되도록 풀어 나가는 것이 정치라고 했잖아?

좋은 정치를 위해서는 날개가 필요해

지구상에 생김새가 똑같은 사람이 있을까? 쌍둥이도 자세히 살펴보면 어딘가 다른 데가 있기 마련이거든. 사람마다 모습이 다른 것처럼 사람마다 생각도 모두 달라. 그러므로 서로 다른 생각을 조정해서 모두에게 도움이 되도록 정치를 해 나가는 것은 쉬운 일이 아냐.

친구들 사이에서 벌어지는 일을 생각해 보면 더욱 알기 쉬워져. 힘이 좀 세다고 해서 힘이 약한 친구를 못살게 굴거나, 좀 똑똑하다고 해서 여러 사람의 의견을 무시하고 자기 멋대로 하려는 친구도 없지는 않을걸?

나라를 다스리는 일도 마찬가지야. 권력을 잡은 사람이 국민을 위한 정치를 하기보다 멋대로 권력을 휘두르며 국민을 못살게 구는 경우가 없지 않아. 이런 정치를 독재 정치라고 해. 또 예전에 왕이 나라를 다스릴 때도, 백성보다는 왕과 권력을 잡은 몇몇 사람의 입맛에 맞게 정치를 하는 경우가 많았어.

그러므로 보다 많은 사람을 이롭게 하는 좋은 정치를 하기 위해서는 날개가 필요해. 이것이 바로 '민주주의'라는 날개야.

'민주'는 '국민이 나라의 주인'이라는 뜻이란다. 그러니까 정치에 '민주주의'라는 날개를 달면 '민주 정치', 곧 국민이 나라의 주인인 정치를 할 수 있게 되는 거야.

국민을 나라의 주인으로 받드는 민주 정치는 국민의 자유와 권리를 보장하기 위해 헌법을 만들어. 그리고 정치 활동도 국민의 참여를 통해서 이루어져. 서로 생각이 다른 문제는 대화와 타협을 통해 갈등을 해결해 나가는 것이 민주 정치의 전통이야.

에이브러햄 링컨

이와 같은 민주 정치가 제대로 이루어지려면 국민이 보다 적극적으로 정치에 참여해야 하고, 정부는 국민의 정치 참여가 보장되도록 제도적인 장치를 만들어 나가야 해. 미국의 대통령이었던 링컨이 말한 '국민의, 국민에 의한, 국민을 위한 정부'가 바로 그런 정부지.

국민의, 국민에 의한, 국민을 위한 정부

미국 남북 전쟁이 한창이던 1863년 11월 19일이었어. 당시 미국 대통령이었던 링컨은 펜실베이니아 주의 게티즈버그 국립묘지에서 전사자들의 추모 연설을 하던 중에 '국민의, 국민에 의한, 국민을 위한 정부'라는 말을 했단다. 이 말은 지금까지도 민주주의를

게티즈버그 국립묘지

가장 잘 표현한 말로 사용되고 있어. 국민은 단순히 국가의 지배를 받는 존재가 아니야. 국민은 국가를 구성하고(국민의 정부), 직접 운영하며(국민에 의한 정부), 국가로부터 혜택을 받는 존재(국민을 위한 정부)라는 것을 강조한 말이지.

민주주의를 처음 시작한 곳은 그리스야

영어의 민주주의(Democracy)라는 단어는 '민중이 스스로 통치한다'는 뜻의 그리스어에서 나왔다고 해. 민주 정치가 처음 시작된 곳도 바로 그리스였거든.

고대 그리스는 크고 작은 도시 국가(폴리스)로 이루어진 나라였어. 그중 아테네라는 폴리스에서 처음 민주 정치가 시작됐어. 지금으로부터 2,500년 전의 일이야.

아테네에는 오늘날의 의회 역할을 하는 '민회'와 행정 기구인 '평의회' 그리고 '재판소'가 있었어. 이 기관들은 서로 일을 나누어 맡으며 민주 정치를 펼쳤지.

고대 그리스의 광장, 아고라

 민회는 아테네 민주 정치의 중심이 되는 기구였어. 자유인이며 남자인 18세 이상의 아테네 시민은 누구나 민회에 참석해서 의견을 이야기하고, 정책을 직접 결정할 수 있었지. 그러나 여자와 노예, 외국인은 민회에 참석할 수 없었어.

 재미있는 사실은 행정 기구인 평의회에서 나랏일을 할 공직자를 추첨으로 뽑았다는 사실이야. 오늘날로 말하면 장관을 추첨으로 뽑은 거지. 임기는 1년이었어. 또 재판소에서도 추첨으로 뽑은 배심원들이 다수결로 판결을 내렸지.

 이처럼 나랏일을 하는 공직자나 재판관을 추첨으로 뽑고, 추

중세의 정치

첨에 뽑힌 사람은 누구든 그 일을 맡아 할 수 있었다는 것은 '다스리는 자와 다스림을 받는 자가 같다'는 민주 정치의 본모습을 보여 주는 제도였어. 또 아테네 시민들은 기회가 닿으면 누구나 그런 일을 맡아 할 수 있는 능력을 평소에 갖추고 있었다는 의미도 돼.

그러나 아테네의 민주 정치는 모든 사람이 평등하게 정치에 참여할 수 있는 완전한 민주 정치가 아니라 '제한적 민주 정치'였단다. 앞에서 이야기한 것처럼 여자와 노예와 외국인은 민회에 참석하지 못했고, 추첨을 통해 공직에 뽑힐 수도 없었으니까.

아테네에서 시작된 민주 정치는 그 후 1,000년 동안 맥이 끊겼어. 그리고 '암흑의 시대'라 불리는 중세가 이어졌지. 이 시기를 암흑의 시대라고 부르는 이유는 기독교가 모든 것을 지배하고, 기독교 교리에 어긋나는 것은 엄격하게 금지했기 때문이야. 그 때문에 정치뿐 아니라 문화와 철학 등 다른 분야에서도 거의 발전이 없었지.

이처럼 맥이 끊겼던 민주 정치는 시민 혁명을 거치면서 다시 등장하게 되었어. 중세는 농업 중심의 사회였지 그런데 이후로 상업이 발달하고 그에 따라 경제력을 갖춘 상인이 생겨나면서, 기독교에 억눌려 있던 사람들이 자유롭고 새로운 생각을 하게 된 거야.

14~16세기 무렵, 이 같은 사회 분위기에 힘입어 '르네상스'라는 문화 운동이 시작되었어. 르네상스는 중세 이전의 그리스·로마 문화를 본보기로 삼아, 새로운 세계와 문화를 만들어 가자는 운동이었지.

르네상스는 인간의 존엄성을 존중하고, 모든 일은 인간이 중심이어야 한다는 데에서 출발한 정신이야. 이를 '휴머니즘' 또는

르네상스 시대의 화가 라파엘로가 그린 〈아테네 학당〉

'인본주의'라고 해. 르네상스는 유럽의 여러 분야에서 새로운 문화가 꽃피고 사람들의 생각과 사상이 성장하는 데 큰 영향을 미쳤어.

이 같은 변화에 힘입어, 시민들은 절대 권력을 가진 왕이나 귀족에게 맞서 자신의 자유와 권리를 찾기 위한 투쟁을 시작했어. 이를 '시민 혁명'이라고 해. 영국, 프랑스, 미국 등 여러 나라에서 시민 혁명이 일어났어.

시민 혁명 결과로 헌법에 따라 정치 참여를 보장받고, 스스로 대표자를 뽑는 등 주권을 행사할 수 있게 되었지. 그러나 대표자를 뽑는 선거에 참여할 수 있었던 사람은 재산이 많은 남성으로 한정되어 있었어. 그래서 부유한 시민의 의견만 정치에 반영된다는 한계가 있었지.

이 시기의 민주 정치를 '근대 민주 정치'라고 해.

광장에서 꽃핀 민주 정치

고대 그리스 사람들은 도시의 중심 지역이나 항구에 '아고라'를 만들었어. 그리스 어로 아고라는 '사람이 모이는 곳', 즉 '광장'이라는 뜻이야.

사람들은 아고라에 모여 물건을 사고팔고, 나랏일을 토론하기도 했지. 또 나라에 중요한 일이 있을 때는 아고라에서 민회를 열어 정책을 결정하기도 했어. 아고라는 고대 그리스 정치 생활의 중심이었고 할 수 있지.

독일에는 알렉산더 광장과 브란덴부르크 광장이 있어.

알렉산더 광장은 독일이 베를린 장벽에 막혀 동독과 서독으로 갈라졌을 때, 동독 시민들이 민주주의와 자유가 보장된 서독 사회를 동경하며 동독 체제에 반대의 뜻을 분출했던 곳이야. 독일의 통일은 이와 같은 알렉산더 광장의 저항에서 시작됐다고 할 수 있어.

또 1989년에 베를린 장벽이 붕괴되면서, 베를린 장벽이 자리했던 곳에 있었던 브란덴부르크 문과 그 앞의 브란덴부르크 광장은 통일과 평화의 상징이 되었지. 알렉산더 광장과 브란덴부르크 광장은 독일의 민주주의를 꽃피게 한 독일 통일의 꽃이라고 할 수 있어.

우리나라에는 '서울 광장'이 있어. 6월 민주 항쟁의 승리를 가져왔던 바로 그곳이야.

1987년 6월, 서울 시청 앞 광장에 100만 명이 넘는 학생과 시민이 모여들었어. 그들은 전두환의 군부 독재에 반대하며 대통령 직선제를 외치는 시위를 일으켰어. 이 민주 항쟁의 승리로 우리나라는 비로소 제대로 된 민주화의 길을 걷게 된 거야.

그 후 서울 시청 앞 광장은 '서울 광장'이라 불리며, 시민들이 적극적으로 정치적 의견을 표현하는 대표적인 장소가 되었지. 뿐만 아니라 각종 문화 행사도 열리면서 서울 광장은 시민 생활의 중심지로 자리매김했단다.

이처럼 광장은 민주주의가 중요한 갈림길에 설 때, 시민이 나라의 주인다운 뜨거운 열정으로 모여 민주주의를 지켜 내는 버팀목 역할을 해 줬어. 그래서 광장은 민주주의의 상징이 되었지.

시민 혁명에 참여했으나 정치에 참여할 권리를 얻지 못한 가난한 노동자와 농민 등은 선거권을 확보하기 위해 투쟁하기 시작했어. 이러한 활동은 여성 참정권 운동과 흑인 참정권 운동 등으로 이어졌지. 그 결과, 20세기에는 일정한 나이가 되면 누구나 선거에 참여할 수 있는 제도를 만들게 되었어. 이를 '현대 민주주의'라고 해.

그러나 현대 민주주의에도 한계는 있어. 민주 정치는 국민이 뽑은 대표자에게 나랏일을 맡기는 것이 기본이야. 이런 정치를 '대의제'라고 해. 그러나 모든 사람이, 자신이 원하는 인물을 대표로 뽑을 수는 없거든. 그러므로 자신이 원하는 사람을 대표자를 뽑지 못한 소수의 의견과 권리는 정치에 반영되기 힘든 점이 대의제의 한계란다.

독일의 통일과 평화를 상징하는 브란덴부르크 문

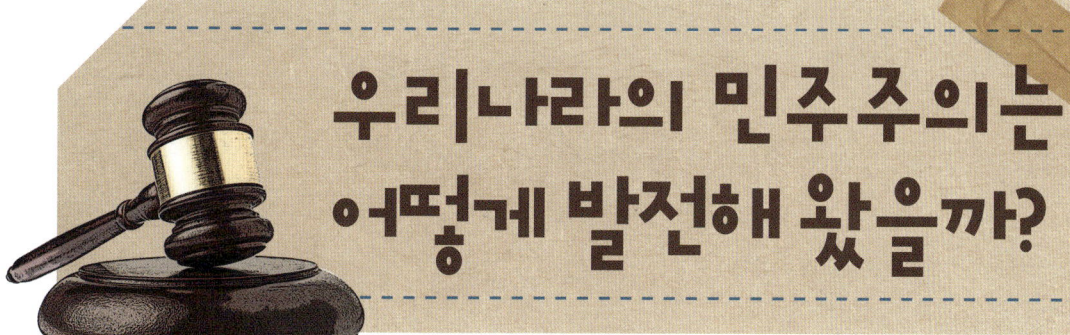
우리나라의 민주주의는 어떻게 발전해 왔을까?

지금까지 민주주의 본고장인 서양에서 민주 정치가 발전해 온 과정을 알아봤어. 그럼 우리나라의 민주 정치는 어떻게 발전해 왔을까?

우리나라에서 서구식 민주 정치가 시작된 시기는 일제 강점기에서 벗어나(1945년) 대한민국 정부를 수립한 1948년부터야. 제헌 국회는 헌법을 만들고 이승만을 초대 대통령으로 뽑았지.

그러나 '백성을 나라의 주인으로 받드는' 민주 정치 사상은 우리나라에도 일찍부터 있어 왔어.

단군왕검은 나라를 처음 세우면서 '인간 세계를 널리 이롭게 한다.'라는 '홍익인간'의 뜻을 내세웠어. 홍익인간은 '백성을 나라의 주인으로 받드는' 사상이라고 할 수 있지.

《삼국유사》에는 〈연오랑과 세오녀〉라는 흥미로운 설화가 담겨 있어. 신라 제8대 아달라왕 때의 이야기인 이 설화도 '백성이 나라의 바탕'임을 말해 주는 의미 있는 이야기야.

'사람이 곧 하늘이다.' '사람 섬기는 것을 하늘 섬기듯 하라.'

왕과 왕비가 된 어부와 그 아낙

신라 제8대 아달라왕 때야. 동해 바닷가에 연오랑과 세오녀라는 어부 부부가 살았어. 어느 날 연오랑이 바다에 나가 미역을 따고 있을 때였어. 갑자기 커다란 바위가 나타나더니 연오랑을 태우고 바다를 건너 일본으로 갔지. 일본 사람들은 바위를 타고 바다를 건너온 연오랑을 아주 특별한 인물이라고 생각해서 왕으로 삼았어.

세오녀는 남편이 돌아오지 않자 이상하게 여기고 바닷가로 나가서 연오랑을 찾았어. 그러다가 바위 위에서 남편이 벗어 놓은 신발을 보았지. 세오녀가 바위에 올라서자, 바위는 스르르 바닷속으로 미끄러져 들어가더니 역시 일본으로 건너갔어. 그래서 세오녀는 왕이 된 연오랑을 다시 만났고 왕비가 되었단다.

한편 연오랑과 세오녀가 사라진 후 신라에서는 이상한 일이 일어났어. 해와 달이 빛을 잃은 거야. 왕이 이상하게 여겨 하늘의 이치에 대한 일을 맡은 관리에게 이유를 물었지. 그러자 "신라에 내려와 있던 하늘의 정기가 바다 건너 일본으로 가 버렸기 때문입니다."라는 대답이 돌아왔어.

깜짝 놀란 아달라왕은 일본으로 사신을 보내 연오랑과 세오녀에게 신라로 돌아오라고 했지. 그러나 왕과 왕비가 된 연오랑과 세오녀가 어찌 간단하게 신라로 돌아올 수 있었겠니.

사신은 연오랑과 세오녀를 신라로 되돌아오게 하지는 못했어. 대신 연오랑이 짠 비단을 얻어 가지고 돌아왔지. 그 비단을 놓고 하늘에 제사를 지내자 해와 달이 빛을 되찾았다고 해.

〈연오랑과 세오녀〉 설화는 일연이 쓴 《삼국유사》에 실려 있는 이야기야.

당시 신라는 '골품제'라는 계급 제도가 단단하게 뿌리내린 신분 사회였어. 왕족인 성골(부모가 양쪽 모두 왕족)과 진골(부모 가운데 한쪽만 왕족) 그리고 6두품에서 1두품까지 모두 여덟 계층으로 신분이 나뉘어 있었지. 그리고 골품에 따라 하는 일(정치적 출세)은 물론 혼인 상대와 사는 집, 타고 다니는 수레의 크기, 옷 색깔 등이 모두 달랐어.

어부인 연오랑과 그의 아낙 세오녀는 아마 신분이 가장 낮은 계층이었을 거야. 그런데 이들이 이웃 나라에 가서 왕과 왕비가 되었다고 하니, 얼마나 놀랐겠어. 신라에서는 가장 신분이 높은 성골만 왕이 될 수 있었거든.

또 이들이 일본으로 건너가는 바람에 신라의 해와 달이 빛을 잃어버리다니! 아달라왕은 물론 벼슬자리에 있는 다른 사람들, 아니 신라 사람 전체가 혼비백산할 만큼 놀랐을 거야. 비바람이 순조롭고, 꽃이 피고 열매를 맺고, 해와 달이 뜨는 것이 모두 임금님 덕분이라고 생각하던 시절이었거든.

고대의 설화나 전설에는 보통 일정한 상징성이 담겨 있어. 그럼 〈연오랑과 세오녀〉 설화가 상징하는 바는 무엇일까?

들풀 같고 바닷가의 모래알 같은 백성이야말로 곧 나라의 바탕이요, 주인이라는 의미를 상징적으로 드러낸 것 아닐까 생각해. 그렇기에 이들도 이웃 나라로 가서 왕과 왕비가 되었던 것이고, 같은 이유에서 이들이 떠나자 신라의 해와 달이 빛을 잃었던 것이지. 곧 2,000년 전의 신라 설화에서 백성이 곧 나라 주인이라는, 오늘날 민주주의의 바탕이 되는 생각을 발견할 수 있는 거야.

이런 구절은 중국과 우리나라에서 옛날부터 전해 내려온 말이야. 3,000년 전부터 나라를 다스리는 근본 사상으로 여긴 것이지. 이는 곧 그리스 아테네에서 민주 정치가 꽃피기 전부터 동아시아에는 이미 그런 사상이 있었다는 것을 뜻해. 일찍이 맹자는 이런 말을 남겼어.

> 임금은 하늘의 아들이다. 하늘이 백성에게 좋은 정치를 펼치라고 하여 그 아들을 내려보낸 것이다. 그런데 만일 임금이 좋은 정치를 하지 않고 백성을 억압한다면, 백성에게는 하늘을 대신해 들고일어나 임금을 쫓아낼 권리가 있다.

백성에게 나쁜 임금을 쫓아낼 권리가 있다는 것은 오늘날의 말로 '국민 저항권'을 이야기한 거야. 따라서 백성은 곧 나라의 주인이라는 의미에는 다름이 없지. 공자에서 맹자로 이어지는 이와 같은 유교 사상은 조선 시대는 물론, 전 시대인 고려에서도 나라의 통치 이념(나라를 다스리는 근본 사상)으로 삼았어.

백성을 나라의 주인으로 받드는 우리나라의 민주 정치 사상은 이처럼 서양의 민주주의 못지않게 뿌리가 깊어. 하지만 우리나라 현대 민주 정치의 발전은 그리 순탄한 길을 걷지 못했지.

초대 대통령에 당선된 이승만은 억지 개헌과 부정 선거 등으로 정권을 이어 가며 독재 정치를 하다, 4·19 혁명으로 대통령의 자리에서 쫓겨났어(1960년). 그리고 4·19 혁명으로 등장한 민주주의 정부인 장면 정권도 민주주의를 꽃피우지 못한 채 박정희의 군사 정변으로 싹이 짓밟혔지(1961년).

박정희 정부는 경제 개발 계획을 통해 우리나라의 경제 발전을 위해 힘썼지만, 국민을 혹독하게 억압하고 통제하는 독재 정치를 하며 이승만보다 더 오랫동안 정권을 내놓지 않았어. 그러다가 신임하는 부하였던 중앙정보부장 김재규에게 죽임을 당하는 비극을 맞았지(1979년).

그러나 민주주의의 봄은 여전히 찾아오지 않았어. 전두환을 중심으로 한 군부 세력이 다시 정권을 장악했기 때문이야. 전두환의 군부 세력도 박정희 정권 못지않게 강압적인 통치를 했어.

박정희 정권 시절부터 온갖 희생을 무릅쓰고 독재 정권에 맞서 민주화 운동을 해 온 세력은 계속 강력하게 전두환 군부 세력에 맞섰어. 그리고 여기에 시민이 합세해서 민주화 운동은 절정에 이르렀지. 다름 아닌 1987년의 6월 민주 항쟁이었단다.

6월 민주 항쟁으로 전두환 정부는 마침내 대통령을 국민이 직접 뽑도록 법을 고치는 '6·29 민주화 선언'을 발표했어. 해방 후 오랜 시련을 겪어 오던 우리나라의 민주주의가 비로소 '국민의, 국민에 의한, 국민을 위한' 민주 정부의 길로 나아가게 된 거야.

2. 민주 정치란 무엇일까?

모두가 알고 있듯이 우리나라는 민주주의 국가야. 민주주의 국가에서는 모든 사람이 소중하고, 모든 사람이 평등하며, 모든 사람이 자유롭단다. 하지만 이를 지키기 위해서는 몇 가지 정치적인 원칙이 필요해. 또 나라마다 실행하는 방법도 다르지. 조금 어려울 수도 있겠지만, 우리 삶과 떼려야 뗄 수 없는 민주 정치를 배우기 위해 한걸음 더 나아가 볼까?

지금까지 우리는 민주주의가 어떻게 발전해 왔는지를 알아봤어. 그럼 이번에는 민주 정치란 무엇인지 좀 더 자세히 알아보도록 할까?

민주 정치는 절대 권력을 가진 왕이나 몇몇 사람의 귀족이 나라를 다스리는 것이 아니고, 국민 모두가 나라의 주인이 되는 정치를 말해. 따라서 국민 한 사람 한 사람이 모두 나라의 주인으로 똑같이 존중받는 것이지.

나라의 주인으로 존중받는다는 것은 '모든 사람은 소중한 존재이고(인간 존엄), 자유롭고, 평등해야 한다'는 것을 뜻해. 인간의 존엄성과 자유와 평등은 바로 민주주의의 기본 이념(가장 중요하게 여기는 생각)이라고 할 수 있어.

인간의 존엄성이란 '사람은 태어나면서부터 귀하고 소중한 존재이기 때문에 똑같이 존중하고 보호해야 한다'는 의미야. 따라서 남녀가 다르고 종교와 피부색이 다르고 언어가 다르다고 해서, 이런 것 때문에 억압하거나 차별 대우하는 것은 민주주의 이념에 어긋나는 일이지.

인간의 존엄성 문제는 민주 정치의 출발점이고, 민주주의가 이루고자 하는 궁극적인 목표라고 할 수 있어. 그리고 이와 같은 인간의 존엄성을 실현하기 위해서는 먼저 자유와 평등이 보장돼야 해.

자유는 다른 사람에게 구속받지 않고 어떤 일이든 스스로 판단해서 결정하고 행동하는 것을 의미해. 이 같은 자유가 보장되지 않고 누군가에게 억압받거나 강제로 어떤 일을 하게 된다면 인간의 존엄성은 실현될 수 없지. 그래서 헌법은 법률에 근거하지 않고는 개인의 자유를 침해하지 못하도록 '신체의 자유', '표현의 자유' 등 자유의 권리를 보장하고 있어. 그러나 자유에는 책임이 따르게 마련이야. 자기 생각대로 결정하고 행동한다고

해서, 그것이 다른 사람의 자유를 방해하거나 피해를 주는 행동이 되어서는 안 되거든.

평등은 어떤 일을 하든 차별하지 않고 누구나 동등하게 대우하는 것을 말해. 따라서 신체적 조건이나 재산의 많고 적음, 교육을 얼마나 받았는지 등으로 사람을 차별해서는 안 된다는 이야기야.

다만 여기서도 짚고 넘어가야 할 문제가 있어. 모든 사람이 법 앞에서 평등하다고 해도 누구나 인간다운 삶을 살 수 있는 것은 아니지. 사람마다 이런저런 차이가 있기 때문이야. 따라서 그런 차이를 인정하고 '실질적인 평등'이 이루어지도록 제도로 보장하는 것이 인간의 존엄성을 실현하는 진정한 민주 사회라고 할 수 있어.

실질적인 평등을 보장하는 제도로는 기초 생활 보장 제도, 장애인 고용 촉진 제도, 여성 할당제 등이 있단다.

민주주의 기본 4원칙

　인간의 존엄성이 존중되고 자유와 평등이 보장되는 민주주의의 이념을 실현하기 위해서는 이를 정치적으로 뒷받침할 수 있는 기본 원칙이 필요해.

　첫 번째는 '국민 주권의 원리'야.

　주권은 국가에서 어떤 일을 최종적으로 결정할 수 있는 최고의 권력을 의미해. 과거에는 왕 등의 소수 지배자에게만 주권이 있었어. 그러나 민주 국가에서는 모든 국민이 주권을 가지고 있지. 이처럼 '주권은 국민에게 있다.'라는 원칙이 국민 주권의 원리란다.

국민은 이 국민 주권의 원리를 통해 나라의 주인으로서 권리를 행사할 수 있어. 또 국민에게 주권이 있기 때문에, 국가에서 정치권력을 행사하려면 국민의 동의나 지지가 있어야 돼.

두 번째는 '국민 자치의 원리'야.

국민 자치란 나라를 다스리는 일이 국민의 참여를 통해 이루어지는 것을 말해. 이 원리는 현실 정치에서 두 가지 형태로 이루어지고 있어. 하나는 국민이 직접 주권을 행사해서 정치에 참여하는 직접 민주 정치고, 다른 하나는 자신을 대리할 수 있는 대표자를 뽑아 나라를 다스리게 하는 간접 민주 정치야.

현재는 어떤 나라든 인구가 많기 때문에 온 국민이 직접 나라

다비드가 그린 〈나폴레옹 대관식〉

를 다스리기는 어려워. 그래서 간접 민주 정치를 채택하고 있지.

세 번째는 '입헌주의의 원리'야.

나라에는 최고 법인 헌법이 있어. 입헌주의 원리는 이 헌법에 따라 나라를 구성하고 다스리는 것을 말해. 헌법에는 국민의 기본권이 보장되어 있고, 국가를 어떻게 다스려야 하는지에 대한 내용도 들어 있어. 그러므로 헌법에 따라 나라를 다스리면 나라를 다스리는 사람이 마음대로 권력을 휘두를 수 없고, 국민의 기본권도 보장될 수 있지.

마지막으로 '권력 분립의 원리'를 꼽을 수 있어.

권력 분립의 원리는 국가의 권력을 여러 독립된 기관이 나누어 맡는 것을 뜻해. 권력이 한 기관으로 집중되면, 권력을 마음대로 휘둘러 국민의 기본권을 침해할 수 있기 때문이야.

대부분의 국가는 법을 만드는 입법부, 법에 따라 나라를 다스리는 행정부, 법을 가지고 재판을 하는 사법부가 권력을 나누어 맡고 있어. 그래서 세 기관이 서로 견제하고 균형을 이루면서 국민의 자유와 권리가 보장되도록 하고 있지.

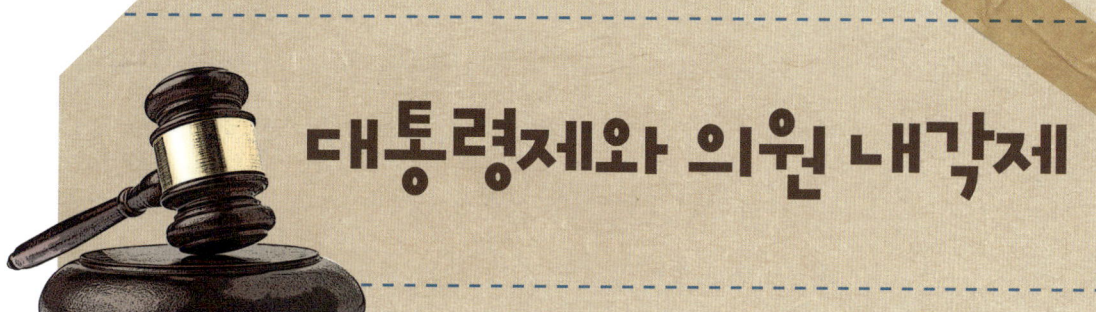

대통령제와 의원 내각제

대부분의 현대 민주 국가는 국민이 선거로 대표를 뽑고, 그 대표가 국민을 대신해서 나라의 중요한 일을 결정해. 또 '삼권 분립'이라고 해서, 국가의 권력이 입법부·행정부·사법부로 나뉘어 있지. 뿐만 아니라 정부의 형태도 입법부와 행정부가 어떤 관계에 있느냐에 따라, 의원 내각제가 되기도 하고 대통령제가 되기도 해.

'의원 내각제'는 의회를 중심으로 의회와 행정부가 긴밀한 관계를 맺고 나라를 다스리는 정부 형태를 말해. 먼저 국민이 입법부를 구성하는 의회의 의원을 선출해. 그러면 의회의 다수당 대표를 총리(또는 수상)로 세우는 행정부 '내각'이 구성되지. 내각의 총리와 장관이 의원을 겸임하는 형태, 곧 입법부와 행정부가 하나로 융합돼 있는 정부 형태를 이루는 거야.

또 의회에는 내각이 정치를 잘못하면 책임을 묻는 '내각 불신임권'이, 내각에는 '의회를 해산할 수 있는 권한'이 있어. 이렇듯 의회와 내각이 서로 견제하며 균형을 유지하고 있는 것이 의원 내각제란다.

의원 내각제는 입법부와 행정부가 국민의 뜻을 빠르게 받아들이고, 보다 책임 있는 정치를 할 수 있다는 장점이 있어. 따라

의원 내각제를 실시하는 영국의 국회의사당

우리나라 대통령이 살고 있는 청와대

서 다른 형태의 정부보다 국민 주권의 원리에 더 가깝다고 할 수 있지. 그러나 한 정당이 의회와 내각을 독점하면 다수당이 횡포를 부릴 염려가 있고, 군소 정당이 난립하면 국정을 안정적으로 운영하기 어렵다는 단점도 있어.

'대통령제'는 입법부와 행정부를 엄격히 구분한다는 특징이 있어. 국민은 의회 의원뿐 아니라 대통령도 뽑아. 그리고 대통령은 행정부의 각료(장관)를 임명해서 행정부를 구성하지.

대통령은 국가를 대표하는 지위를 가지고 국가의 모든 정책과 자기를 뽑아 준 국민에 대해서는 책임지지만, 의회에 대해서는 책임지지 않아. 그래서 의회는 대통령을 불신임할 수 없고, 대통령도 의회를 해산할 수 없어.

이처럼 대통령제는 입법부와 행정부가 대등한 위치에서 엄격하게 분리되어 있어. 권력 분립의 원리를 보다 충실히 지키고

우리나라의 정부 형태

세계 여러 나라는 각각 자기 나라 상황에 맞는 정부 형태를 선택하고 있어. 그럼 우리나라는 어떤 정부 형태일까?

- **헌법 제66조**
  ① 대통령은 국가의 원수이며, 외국에 대하여 국가를 대표한다.
  ② 행정권은 대통령을 수반으로 하는 정부에 속한다.

- **헌법 제67조**
  ① 대통령은 국민의 보통·평등·직접·비밀 선거에 의하여 선출한다.

위 헌법 조항에서 알 수 있는 것처럼 우리나라의 정부 형태는 대통령제야. 4·19 혁명으로 들어선 민주 정부에서 잠시 내각 책임제를 취하기도 했지만, 5·16 군사 정변 후 다시 대통령제로 바뀌어 지금까지 계속 대통령제를 채택하고 있지.
그러나 의원 내각제의 요소도 일부 받아들이고 있어. 의원이 장관을 겸직할 수 있다거나, 정부도 법률안을 제출할 수 있게 되어 있는 것은 의원 내각제적 요소란다. 또 국무총리가 있고, 대통령이 국무총리와 장관을 임명할 때 국회의 동의를 받는 것은 순수 대통령제에는 없는 제도야. 순수 대통령제는 국무총리 대신 부통령이 있고, 대통령이 장관을 임명할 때 국회의 동의를 받을 필요도 없어.

있는 정부 형태라고 할 수 있지. 또 임기가 보장되어 있어서 안정적으로 강력하게 정책을 펼칠 수 있고, 의회에서 의결한 법률안을 거부할 수도 있기 때문에 다수당의 횡포를 막을 수 있어.

그러나 대통령의 권한이 너무 커지면 독재를 할 위험성이 있고, 의회와 행정부의 대립이 심해지면 국정을 안정적으로 운영할 수 없다는 단점도 있단다.

G20 국가들은 어떤 정부 형태를 채택하고 있는지 알아보도록 할까?

'G20 국가'란 선진 7개국(미국·프랑스·영국·독일·일본·이탈리아·캐나다)과 유럽 연합(EU) 의장국, 신흥 시장 12개국(한국·아르헨티나·오스트레일리아·브라질·중국·인도·인도네시아·멕시코·러시아·사우디아라비아·남아프리카 공화국·터키)으로 이루어진 국제기구를 말해. 'G'는 영어 단어 '그룹(group)'의 머리글자를, '20'은 참가국 수를 의미해. 선진 7개국 가운데 한 나라가 유럽 연합 의장국일 경우, 나라의 수는 19개국이 되지.

대통령제를 채택하고 있는 국가에는 한국, 인도네시아, 러시아, 남아프리카 공화국, 미국, 멕시코, 브라질, 아르헨티나가 있어. 내각제를 채택하고 있는 국가에는 독일, 이탈리아, 터키, 인도, 오스트레일리아, 캐나다가 있지.

그 밖에 영국과 일본은 입헌 군주제(왕이 있으면서 내각제를 채택한 정부 형태), 프랑스는 이원 집정부제(대통령제와 의원 내각제를 절충한 정부 형태), 사우디아라비아는 절대 군주제, 중국은 일당 독재 체제 국가야.

3.
우리는 어떻게 정치에 참여해?

앞서 민주주의 국가의 주인은 국민이라고 배웠지? 그렇다면 민주 정치에 참여하는 방법은 어떤 것이 있을까? 선거에서 국민의 대표로 뽑혀 정치인이 되는 방법도 있지만, 그것 외에도 여러 방법이 있어. 이제는 그 방법과 종류를 배워 나갈 시간이란다.

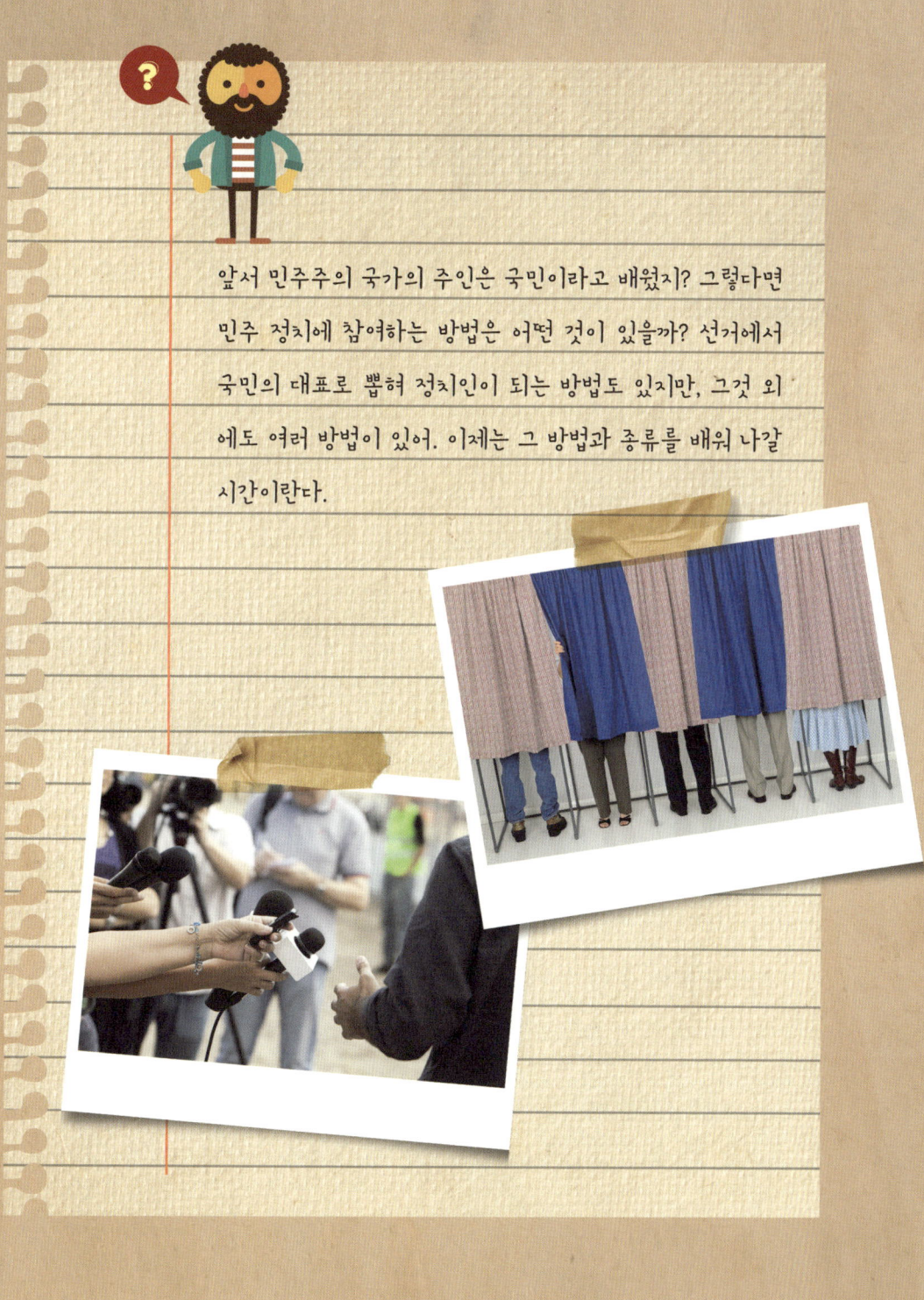

정치 과정이 뭐지?

현대 사회를 흔히 '다원화 사회'라고 해. 사회를 구성하고 있는 사람들의 다양한 가치와 생활 양식을 존중하며 더불어 살아가는 사회를 다원화 사회라고 하지.

세상이 이처럼 복잡해지고 사회 구성원 사이의 생각과 가치관이 다양해지면서, 나라에서 어떤 정책을 펼치려 할 때 서로 원하는 것이 달라서 갈등이 생기고 충돌이 일어나기도 해. 그래서 많은 사람이 자기에게 이익이 되는 방향으로 정책을 이끌어 가려고 노력하지.

이처럼 의견이 다른 사람들 사이에서 일어나는 갈등을 조정해서 뜻을 모으고, 그것을 바탕으로 정책을 결정해서 집행하는 과정을 '정치 과정'이라고 해.

옛날에는 정치 과정을 왕이나 귀족이 백성을 다스리는 것이라고 생각했어. 그러나 지금은 달라졌어. 오늘날의 정치 과정은 국가와 국민이 함께 만들어 가고 있거든.

개인이나 집단이 내세우는 다양한 요구는 언론이나 정당 등으로 여론을 형성하는 데에서 시작해. 그러면 행정부나 의회에서 이러한 여론을 바탕으로 정책을 결정하고, 행정부가 이를 집행하지.

또 정책을 집행한 후에는 국민의 평가를 받아 문제를 수정하거나, 새로운 요구를 정책에 반영하기도 해. 이러한 정치 과정을 통해 다양한 구성원 사이의 대립과 갈등이 해결되고, 사회의 통합과 발전이 이루어지는 거란다.

그럼 정치 과정에는 누가 어떻게 참여할까?

정치 과정에서 정책 결정에 중요한 역할을 하는 국가 기관이나 개인 또는 집단을 '정치 주체'라고 해. 정치 주체에는 의회·정부·법원처럼 직접 정책 결정권을 가진 공식적 주체와, 개인·정당·언론·이익 집단·시민 단체 같은 비공식 주체가 있어.

개인이 정치 과정에 참여하는 가장 기본적인 방법은 선거 때

투표를 하는 것이야. 또 집회나 각종 서명 운동에 참여하고, 언론 투고나 주민 청원 등으로 자신의 의사를 표시하는 방법도 있어. 보다 적극적인 방법으로는 정당이나 시민 단체, 이익 집단에 가입해서 자신의 생각이 정책에 반영되도록 노력하는 것이 있단다.

언론은 각종 사건과 정부 정책에 대한 정보 제공, 정책에 대한 해설과 비판을 통해 여론을 만들어 가. 언론이 이와 같은 역할을 제대로 하기 위해서는 언론의 자유가 보장돼야 하고, 언론 역시 공정한 보도를 해야 하지.

언론에는 신문·라디오·텔레비전뿐 아니라 인터넷이나 휴대전화도 포함되고, 근래에는 사회 관계망(소셜네트워크서비스, SNS)도 여론 형성에 중요한 역할을 하고 있어.

이익 집단도 정치 과정에 중요한 영향을 미치고 있어. 어떤 문제에 이해관계를 같이하는 사람들이 자신들의 이익을 지키기 위해 모인 것이 '이익 집단'이야. 이익 집단은 자기들에게 유리하도록 여론을 이끌고, 정부 또는 국회에 압력을 넣어 자신들의 목표를 달성하려 하지.

시민 단체는 사회 전체의 이익에 도움이 되는 일을 하기 위해 시민들이 자발적으로 만든 단체야. 이들은 사회 여러 분야에서 일어나는 문제를 해결하기 위해 홍보 등을 통해 여론을 형성하고, 정부 기관 등에 정책 제안도 해. 또 정책이 올바르게 집행되는지 감시하고 비판하는 일도 하지. 특정한 사람의 이익이 아닌 사회 전체의 이익을 위해 일한다는 것이 이익 집단과 다른 점이라고 할 수 있어.

정당은 정치적인 목표와 생각을 같이하는 사람이 모인 집단이야. 정당의 목표는 정치적인 권력을 획득하는 것이지. 그래서 항상 여론에 귀를 기울이고, 국민의 이익과 요구를 적극적으로 받아들이고자 노력해. 또 국민의 다양한 여론을 정부에 전달하고, 정부가 하는 일을 감시하고 비판하는 역할도 하지.

　정당은 나랏일을 해 나갈 때, 그 일의 정치적인 책임을 진다는 것이 이익 집단이나 시민 단체와 다른 점이야.

　지금까지 정치 과정에 참여하는 정치 주체를 알아봤어. 민주 사회에서는 이처럼 다양한 정치 주체가 다양한 방법으로 자신들의 생각이 정책에 반영되도록 노력하고 있지. 그러므로 공식적인 정치 주체인 의회나 정부 등 국가 기관은 다양한 정치 주체의 의견을 수렴해서 갈등을 조정하고, 사회적 통합을 이룰 수 있도록 정책을 펼쳐 나가야 돼.

민주주의의 꽃 '선거'

오늘날 대부분의 민주 국가는 '대의 정치'를 채택하고 있어. 이것은 우리나라도 마찬가지야.

대의 정치란 국민이 자신들을 대신해서 나랏일을 할 대표자를 뽑고, 뽑힌 대표자가 나랏일을 대신하는 것을 말해. 이때 대표자를 뽑는 일을 선거라고 하지.

선거는 민주 정치를 하기 위해서 매우 중요한 일이야. 어떤 대표자를 뽑느냐에 따라 제대로 된 민주 정치를 하느냐 못 하느냐가 결정되거든. 대표를 잘못 뽑으면 국민과의 약속(선거 공약)을 지키지 않고 멋대로 정치하거나, 크게 잘못되면 독재 정치를

할 수도 있지.

　선거의 가장 기본적인 기능은 이처럼 국민이 나랏일을 담당할 대표자를 뽑는 일이야. 그리고 뽑힌 대표자는 국민을 대신해서 나랏일을 할 수 있는 합법적인 지위를 얻게 되지. 이때 중요한 점은 선거를 공정하게 치러야 한다는 것이야. 부정 선거 등 공정하지 못한 방법으로 대표에 뽑혔다면 당연히 그 사람은 대표로서의 자격이 없는 거지.

　또 선거는 대표자를 통제하는 기능도 있어. 대표자가 자기 일을 제대로 하지 못하면, 다음 선거에서 그 사람을 뽑지 않을 수 있으니까.

　선거는 이처럼 국민이 나라의 주인이라는 사실을 분명히 알게 하고, 민주 시민으로서의 역할이 무엇인가를 깨닫게 해 주는 중요한 일이야. 그래서 선거를 '민주주의의 꽃'이라고도 불러. 국민은 선거에 적극 참여함으로써 나라의 주인으로서 권리와 의무를 다하게 되는 거야.

그럼 선거를 공정하게 치르려면 어떻게 해야 할까?

우리나라에는 선거를 공정하게 치르기 위한 민주 선거 4대 원칙이 있어. 바로 '보통 선거', '평등 선거', '직접 선거', '비밀 선거'야.

보통 선거는 일정한 나이가 되면 누구에게나 아무런 제한을 두지 않고 선거권을 주는 제도를 말해.

평등 선거는 누구에게나 똑같은 수의 투표권을 주는 것을 말하지. 어떤 사람은 한 표밖에 찍을 수 없는데, 다른 사람은 두 표, 세 표를 찍는다면 평등 선거가 아니잖아?

직접 선거는 다른 사람을 시켜 대신 투표해서는 안 되고, 자신이 직접 투표하는 것을 말해.

비밀 선거는 투표를 한 사람이 누구에게 표를 줬는지 알 수 없게 하는 제도야.

공정한 선거를 위한 제도가 있으면, 이 제도를 관리하는 기구도 있어야 하지 않겠어? 우리나라는 이를 위해 '선거관리위원

회'라는 독립된 국가 기관을 설치해서 운영하고 있어.

　선거관리위원회는 선거법 위반 행위를 예방하거나 단속하는 일은 물론, 잘못을 조사할 수 있는 권한도 가지고 있어. 또 공정한 선거 관리를 위해 선거관리위원회 위원의 임기와 신분은 헌법과 법률로 엄격하게 보장하고 있지. 그래서 외부의 간섭이나 영향을 받지 않고 맡은 일을 해 나갈 수 있단다.

민주주의의 학교 '지방 자치 제도'

같은 나라 안이라고 해도 지역마다 나름대로 특성이 있고, 해결해야 할 문제가 서로 달라. 이처럼 지역마다 다른 문제를 지역 주민이나 지방 정부가 스스로 처리하는 제도를 '지방 자치 제도'라고 해.

따라서 주민들은 지방 자치 제도를 통해 자기가 사는 지역의 문제를 해결하기 위한 지방 자치 활동에 직접 참여할 수 있고, 자신의 생각을 지방 정치에 반영할 수 있단다. 또 이러한 활동으로써 자신이 지역 사회의 주인임을 분명히 드러낼 수 있지.

그럼 우리나라의 지방 자치 제도는 어떻게 운영되고 있을까?

지방 자치 제도를 시행하려면 먼저 지방 자치 단체가 있어야 돼. 우리나라의 지방 자치 단체는 광역 자치 단체와 기초 자치 단체로 이루어져 있어.

광역 자치 단체로는 특별시(서울시), 광역시(광주시·대구시·대전시·부산시·울산시·인천시), 도(경기도·강원도·충청남도 등의 각 도), 특별자치도(제주도), 특별자치시(세종시)가 있어. 기초 자치 단체로는 시, 군, 구가 있지.

주민이 직접 법을 만든다

국회나 지방 의회를 입법 기관(법을 만드는 기관)이라고 하지. 그렇지만 법은 국회의원이나 지방 의회 의원만 만들 수 있는 것이 아니란다. 지역 주민이 스스로 법을 만들 수도 있어. 2000년에 '주민 발의 제도'라는 것을 만든 이후부터 말이야.

먼저 지역 주민이 조례안을 만들어서 지방 의회에 제출을 해. 이 조례안이 의회에서 통과되면 효력을 가지는 것이지. 주민이 발의한 조례안을 의회에 제출할 때는 일정 비율 이상이 찬성한 서명이 필요하기 때문에, 지방 의회에서 쉽게 부결시킬 수가 없단다.

주민 발의로 지역 주민이 지역에 필요한 조례를 직접 만드는 것은 직접 민주주의의 한 방법이라고 할 수 있어. '친환경 무상급식 조례'나 '학생 인권 조례' 같은 것이 주민 발의로 만든 조례야.

지역 주민들은 선거를 통해 지방 자치 단체를 구성한단다. 선거로 대통령을 뽑고 의회를 구성하는 것처럼, 지방 자치 단체장을 뽑고 지방 의회도 구성하는 거야.

예를 들어 설명해 볼까?

강원도 강릉시에 살고 있는 사람이라면 광역 자치 단체장인 강원 도지사와, 기초 자치 단체장인 강릉 시장을 뽑아야 하지. 또 지방 의회를 구성하기 위해 광역 자치 단체 의원인 강원도 의원과, 기초 자치 단체 의원인 강릉시 의원을 선출해야 하고.

지방 의회는 이런 일도 해

자치 법규인 조례를 제정하는 것이 지방 의회에서 하는 중요한 일이라고 했지? 그 밖에도 지방 의회는 주민의 대표 기관으로서 다음과 같은 중요한 일을 하고 있어.

- 지방 주민이 낸 세금으로 짠 예산안을 심의하고 승인해.
- 지방 행정 기구의 정책을 지역 사람들의 입장에서 조사하고 파악해서, 지방 자치 단체장에게 질문을 하지.
- 주민 센터 등의 집행 기관을 감시하고, 잘못된 일은 지방 자치 단체장에게 고치라고 요구를 해.
- 주민의 민원과 청원을 본회의에서 처리하고 있어.

대통령(행정부)이 집행 기관이고 국회(입법부)가 의결 기관인 것처럼, 지방 자치 단체장은 집행 기관이고 지방 의회는 의결 기관이란다.

의결 기관인 지방 의회는 조례를 제정하거나 개정하는 일을 해. 조례란 해당 지역에서만 효력을 가지는 자치 법규야. 집행 기관인 지방 자치 단체장은 해당 지역의 행정권을 행사하고, 예산도 집행해. 또 그 지역의 재산을 관리하는 일도 해. 그리고 조례의 범위 안에서 규칙을 제정하는 것도 지방 자치 단체장이 하는 일이지.

지역 주민이 선거로 지방 의회를 구성하고 지방 자치 단체장

주민이 지방 정치에 직접 참여하는 방법을 더욱 자세히 알아보자

- **주민 청원** 주민이 지방 자치 단체의 행정에 대해 바라는 일이나 개선해야 할 점을 서면으로 요구하는 것을 말해.
- **주민 참여 예산제** 주민이 직접 지역 예산을 편성하는 일에 참여해서, 예산 집행의 우선순위 등을 결정하는 제도야.
- **주민 소환제** 지역의 공직자가 주민의 뜻에 어긋나는 일을 하거나 일을 잘못할 때, 주민 투표를 통해 해임하는 제도란다.

을 뽑는 것만으로는 지역 발전과 주민 복지를 이루는 데 뭔가 부족하다고 생각되지 않니? 이와 같은 이유에서 지역 주민들은 지역 문제를 해결하기 위한 정치 과정에 여러 방법으로 참여할 수가 있어.

먼저 관련 기관에 청원하거나 민원을 제출할 수 있고, 언론 투고나 집회 참여 또는 서명 등을 통해 원하는 방향으로 여론을 만들어 갈 수도 있어. 또 공청회 등에 참여해서 의견을 이야기하는 것도 주민의 정치 과정 참여 방법이지.

그 밖에도 주민 발의 제도, 주민 참여 예산제, 주민 투표, 주민 소환제 등 지역 주민이 지방 정치에 참여할 수 있는 여러 가지 제도가 마련되어 있단다.

이처럼 지방 자치 제도는 주민이 그 지역의 정치에 참여할 수 있는 여러 기회가 있고, 그 과정을 통해 지역의 주인이라는 것을 체험할 수 있기 때문에 '민주주의의 학교'라고 이야기해. 또 그 지역의 주민이 스스로 지역을 다스리는 일에 참여해서 민주주의를 만들어 가기 때문에 '풀뿌리 민주주의'라고도 한단다.

4

국가가 되려면 이 '세 가지'가 있어야 해!

우리는 '대한민국'이라는 나라에서 살아가고 있어. 곧 대한민국이란 영토에서, 대한민국의 국민으로서, 대한민국의 주인으로서 살아간다는 이야기야. 영토, 국민, 주권은 나라를 이루는 세 가지 조건이지. 4장에서는 나라를 이루는 조건과 우리의 의무를 알아볼 거란다.

우리나라 이름이 '대한민국'이라는 거, 모르는 사람 없지? 그래, 우리는 미국도 아니고 영국도 아니고 일본도 아닌 '대한민국'이라는 국가에서 살아가고 있어. 우리가 대한민국이라는 국가에서 살아가기 위해서는 반드시 '이것'이 있어야만 해. 바로 우리가 살고 있는 땅덩어리야. 다른 말로는 '영토'라고 하지.

영토 안에는 많은 사람이 더불어 살아가고 있어. 이처럼 같은 영토 안에서 국가를 이루며 살아가고 있는 사람들을 '국민'이라고 해. 그러니까 우리는 대한민국 영토 안에서 함께 살아가고 있는 대한민국 국민인 거야.

그럼 영토와 국민만 있으면 국가를 이룰 수 있을까?

그렇지 않아. 다른 나라의 간섭을 받지 않고, 스스로 나라를 다스리고 지켜 나갈 수 있는 힘이 있어야만 하지. 이것을 '주권'이라고 해.

하나의 국가를 이루려면 이 세 가지, 곧 영토와 국민과 주권을 반드시 갖춰야 돼. 그래서 이 세 가지를 '국가의 3요소'라고 한단다.

이스라엘 민족은 '이스라엘'이라는 나라를 세우기 전에는 영

일제 강점기의 조선 총독부 청사

4. 국가가 되려면 이 '세 가지'가 있어야 해! 61

토가 없었어. 그래서 세계 곳곳에 흩어져 살았지. 그리고 국가가 없었기 때문에 그들을 그냥 '유태인'이라고 불렀어.

우리나라 또한 주권이 없던 시절이 있었어. 일본이 나라를 강제로 빼앗은 일제 강점기였지. 그 시절, 우리나라 독립운동가들은 상하이에 대한민국 임시 정부를 세웠어. 하지만 영토와 국민만 있을 뿐 나라를 실제로 다스리지 못했기 때문에, 다시 말해 주권이 없었기 때문에 대한민국 임시 정부는 독립 국가로 인정받지 못했어.

로빈슨 크루소가 살았던 무인도를 국가라고 하지 않는 것도 마찬가지야. 로빈슨 크루소는 무인도라는 영토가 있었어. 그리고 영토를 스스로 지배할 수도 있었지. 하지만 그곳에는 국민이 없었단다.

어떠니? 영토, 국민, 주권 가운데 하나라도 빠지면 국가를 이룰 수 없다는 것을 이해할 수 있겠지? 그래서 이 세 가지를 국가의 3요소라고 하는 거야.

우리나라 영토는 어디까지?

앞에서 국가의 3요소 가운데 영토를 '우리가 살고 있는 국가의 땅덩어리'라고 했는데, 이것은 얼른 알기 쉽게 한 말일 뿐 정확한 표현이 아니었어. 그래서 영토를 '국가의 영역'이라는 말로 바꿔 볼까 해.

국가의 영역은 나라의 주권이 미치는 범위, 다시 말하면 그 나라 사람들이 주인으로서의 권리를 행사할 수 있는 범위를 뜻해. 여기에는 땅(영토)뿐 아니라, 바다(영해), 하늘(영공)이 모두 포함되지.

우리나라 영토는 한반도와 그에 딸린 섬(부속 도서)으로 이루어

져 있어. 총 면적은 22만 제곱킬로미터이고, 그중에서 남한의 면적은 약 10만 제곱킬로미터야. 그리고 갯벌이 넓게 자리 잡은 서해안과 남해안 지역은 예전부터 꾸준히 간척 사업을 해서 조금씩 영토가 넓어지고 있지.

영해는 영토 주변의 바다를 말해. 바닷물의 높이가 가장 낮은 썰물 때의 해안(최저 조위선)으로부터 12해리(1해리는 1,852미터, 12해리는 22.224킬로미터)까지를 영해로 인정하고 있지. 그러나 우리나라와 일본 사이의 거리가 가까운 대한 해협은 3해리까지만 영해로 설정하고 있어.

요즘은 해저 자원과 관광 자원 개발 등을 위해 많은 나라가 영해에 큰 관심을 보이고 있단다.

또 영해를 설정한 기준선으로부터 200해리까지의 바다 가운데, 영해를 제외한 지역을 '배타적 경제 수역'이라고 해. 배타적 경제 수역 안의 수산 자원, 광물 자원, 에너지 자원 등 해양 자원을 탐사하고 개발할 수 있는 권리는 연안국(그 바다와 가장 가까이

있는 나라)에게 있어. 뿐만 아니라 인공 섬을 만들거나 그 외의 시설물을 설치해서 자유롭게 활동할 수 있고, 해양 환경을 지키기 위한 관리 권한도 있어. 이 때문에 세계 여러 나라에서 배타적 경제 수역을 둘러싸고 치열한 경쟁을 벌이고 있지.

3면이 바다로 둘러싸인 우리나라도 주변 바다의 자원을 확보하고자 1995년에 배타적 경제 수역을 선포했어. 그러나 중국, 일본과 거리가 가까워서 배타적 경제 수역이 많이 겹쳐. 이 때문에 어업 협정을 체결하여 두 나라와 분쟁을 막고 수산 자원을 보호하고 있지.

영공은 영토와 영해에서 대기권까지 일직선으로 뻗은 상공을 말해. 이곳은 우리 영토이기 때문에 당연히 우리나라에 주권이 있지. 그래서 다른 나라 비행기가 우리 영공을 지나가려면 우리나라의 허락을 받아야 해. 또 영공은 국가 방위를 위해서도 잘 지켜야 하는 영역이야.

그러나 대기권 밖의 우주 공간은 어느 나라 영토에도 들어가 있지 않아. 대기권 위로는 어느 나라 비행기든 마음대로 지나다닐 수 있고, 우주 공간을 마음대로 개발도 할 수도 있어. 최근에는 인공위성 기술의 발달로 우주 공간을 향한 관심이 점점 높아지고 있지.

우리나라도 우주 개발에 큰 관심을 보이고 있어. 그래서 남해안의 고흥반도와 가까운 외나로도에 '나로우주센터'를 세웠어. 2001년에 부지를 고르고 건설을 시작해, 2009년에 완공되었지. 그리고 전 세계에서 열세 번째로 우주선 발사에 필요한 첨단 장비와 시설을 갖춘 나라가 되었단다.

나로우주센터는 미래 우주 시대를 개척하기 위한 우주 개발의 전초 기지로, 우주를 향한 우리나라의 꿈과 희망을 실현할 장소가 될 거야.

이어도와 종합해양과학기지

이어도는 섬이 아니고 바닷물 속에 잠겨 있는 암초야. 바다의 깊이를 40미터로 기준하여 그 아래에 있어. 남북의 길이는 약 600미터, 동서의 길이는 약 750미터쯤 되는 암초이지. 마라도에서 서남쪽으로 약 150킬로미터쯤 떨어진 곳에 있단다.

암초의 최고봉은 바다 밑 약 4.6미터까지 솟아 있어. 그래서 파도가 10미터 이상으로 높게 일면 이어도가 바닷물 밖으로 모습을 드러내곤 해. 이 때문에 제주도에는 '어부가 죽으면 가는 상상 속의 섬'이 이어도라는 전설이 내려오고 있단다.

아무도 본 사람이 없지만 늘 거기에 있는 섬! 섬을 본 사람은 모두 섬으로 가 버렸고, 섬을 떠나 돌아온 사람이 없기 때문에 현실 세계에서는 존재를 확인할 길이 없는 섬……. 제주도 사람들은 고기잡이를 나갔다 풍랑을 만나 돌아오지 않는 남편과 아버지, 아들과 형제 들이 이어도에서 평안한 삶을 살고 있다고 생각하며 위안을 받았어. 이어도는 제주도 사람들에게 영원히 이를 수 없는 행복의 땅 유토피아였던 셈이야.

이어도의 모습이 처음으로 세상에 알려진 것은 1900년이었어. 영국 상선 소코트라호가 바닷속에 있는 암초를 확인하고, 국제 해도에 소코트라 록(Socotra Rock)으로 표기했지. 그리고 지금은 우리나라의 배타적 경제 수역에 포함되어 있어.

이어도 부근은 조기, 민어, 갈치 등 다양한 어종이 서식하는 황금 어장이야. 또 중국과 동남아시아, 유럽으로 항해하는 배가 이곳 가까이 통과하고 있어 매우 중요하지. 이러한 중요성 때문에 우리나라는 이곳에 '이어도 종합해양과학기지'를 설치했어. 2001년에 공사를 시작해서 2003년에 완공됐지. 그리고 여러 최첨단 관측 정비를 설치해 놓고 해양 연구와 기상 관측, 어업 활동 등을 위해 이용하고 있어. 또 해경이 조난된 어선을 수색하는 작업과 구조하는 작업의 기지로도 이용하고 있지. 비록 이어도는 바닷속에 잠겨 있는 암초이지만 소중한 우리나라의 영토란다.

국민과 주권

우리는 국가의 3요소 가운데 영토를 자세히 알아보았어. 이번에는 국민과 주권을 좀 더 알아보도록 할까?

'같은 영토 안에서 국가를 이루며 살아가고 있는 사람들'을 국민이라고 했지? 그럼 홍길동이라는 사람이 대한민국에서 살다가, 공부를 하기 위해 미국으로 건너가 살게 되었다면 대한민국 국민이 아닐까? 홍길동은 이제 같은 대한민국 영토 안에서 국가를 이루며 살지 않으니까 말이야.

그렇지 않아. 홍길동이 '대한민국 국민'이라는 국적을 가지고 있다면, 다른 나라에 가서 산다고 해도 여전히 대한민국 국민이고 대한민국 국민으로서 권리와 의무가 있어.

국적이 뭐냐고?

'한 나라의 국민이 되는 자격'을 국적이라고 해. 그러니까 국적이 대한민국이라면 대한민국 국민이라는 자격이 있다는 뜻이야. 그런데 국적은 사람에게만 있는 것이 아냐. 배나 비행기도 국적이 있어. 우리나라의 배는 대한민국이 국적이지.

그럼 국적은 어떻게 얻는 것일까? 한 나라의 국민이 되는 자격을 국적이라고 했으니, 무슨 자격시험이라도 봐서 국적을 따야 하는 것일까?

물론 그렇지 않아. 자격시험을 봐서 대한민국 국적을 얻었다는 이야기는 들어 보지 못했잖아? 국적은 나라에서 정한 법에 따라 자동적으로 얻는 거야. 국적을 얻는 방법은 나라에 따라 다른데, 크게 '속인주의'와 '속지주의'로 나뉘어.

속인주의는 부모의 국적에 따라 국적을 얻는 것을 말해. 부모가 대한민국 국민이면 그 아이도 자동적으로 대한민국 국적을 가지는 거지. 우리나라는 이 속인주의를 따르고 있어. 홍길동은 부모가 대한민국 국민이기 때문에 대한민국 국적을 가지게 된 거고, 대한민국을 떠나 다른 나라에 가서 산다고 해도 대한민국 국민이라는 사실에는 변함이 없어.

국적을 알려 주는 세계 여러 나라의 여권

속지주의는 태어난 곳이 어디냐에 따라 태어난 나라의 국적을 가지는 것을 말해. 속지주의를 따르는 대표적인 나라는 미국이야. 미국에서 태어난 아이는 부모의 국적이 어느 나라든 미국 국적을 가지게 돼. 그러니까 우리나라 사람이라도 미국에서 아이를 낳는다면, 그 아이는 미국 국적을 가질 수 있는 거지.

물론 꼭 미국 국적을 가져야 한다는 이야기는 아냐. 우리나라는 속인주의 국가니까, 미국 국적을 포기하고 우리나라 법률을 따르면 대한민국 국민이 되는 거야.

'원정 출산'이라는 말, 들어 봤지? 미국 국적을 얻기 위해 일부러 미국으로 건너가서 아이를 낳는 것을 말해. 어머니, 별로 보기 좋은 일은 아니라고 생각되지 않니?

국적이 중요한 이유는 국가의 보호를 받을 수 있기 때문이야. 국가는 자기 나라 국민이 나라 안에 살 때는 물론, 나라 밖으로 나가 살더라도 지키고 보호할 의무가 있어.

이번에는 '주권'을 좀 더 알아볼까?

주권은 나라를 다스리는 최고의 권력을 말한다고 했지? 그럼 이 최고의 권력은 누구에게 있을까?

왕이 나라를 다스리던 옛날에는 왕이 이 최고의 권력을 거머쥐고 있었어. 그런 나라를 '군주 주권 국가'라고 해. 그러나 군주 주권 시대가 무너지고 민주주의가 꽃피면서 국민이 나라의 주인인 '국민 주권 시대'가 열렸지.

대한민국의 주권은 국민에게 있고, 모든 권력은 국민으로부터 나온다.

우리나라 헌법 제1조 2항이야. 우리나라도 이처럼 헌법 첫머리에 주권이 국민에게 있다는 것을 분명히 밝히고 있어. 또 '모든 권력은 국민으로부터 나온다.'라는 말은 국민이 나라의 주인이기 때문에, 국민의 뜻에 따라 나라를 다스리고 중요한 정책도 국민의 뜻에 따라 결정해야 된다는 것을 의미해.

주권은 다른 나라와의 관계에서도 중요한 의미가 있어. 우리나라가 주권을 가진 국가이기 때문에, 다른 나라가 우리나라 일에 간섭하거나 함부로 영토에 침범해 들어올 수 없지.

국민의 의무

국민은 나라의 주인으로서 국가의 보호를 받을 수 있고, 여러 권리도 주장할 수 있어. 그러나 권리에는 의무가 따르는 법이란다. 친구와 어떤 일을 할 때도 자기 권리만 주장하고 자기가 해야 할 일(의무)은 하지 않는다면, 그 일이 제대로 이뤄질 수 없는 건 뻔하잖아?

국민의 의무는 국가를 유지하고 발전시키기 위해 꼭 필요한 것이고, 국가의 유지와 발전은 곧 개인의 발전과 이어지는 일이지. 권리와 의무는 이처럼 동전의 앞뒤 면처럼 서로 붙어 다니는 거란다. 그래서 헌법으로 국민의 의무를 정해 놓고 있어.

　먼저 '국방의 의무'를 꼽을 수 있어. 헌법 제39조 1항에는 '모든 국민은 법률이 정하는 바에 의하여 국방의 의무를 진다.'라고 되어 있지. 국방은 외국의 침략에 맞서 나라를 지키는 것을 말해. 나라가 위태로울 때 국민이 나서서 지키지 않는다면 누가 나라를 지키겠니?

　다음은 납세의 의무야. 헌법 제38조에 '모든 국민은 법률이 정하는 바에 의하여 납세의 의무를 진다.'라는 항목이 있어. '납세'는 '세금을 낸다'는 뜻이야. 나라 살림을 꾸리려면 많은 돈이 필요하니까, 국민이 낸 세금으로 그 살림살이를 꾸려 나가는 거란다. 수입이 많은 사람이 세금을 많이 내면, 그 돈으로 형편이 어려운 국민을 도와줄 수도 있지.

헌법 제32조 2항에는 '모든 국민은 근로의 의무를 진다.'라는 '근로의 의무'에 대한 조항이 있어. '근로'란 '일을 한다'는 의미야. 사람들은 돈을 벌고 잘살기 위해서 열심히 일하지. 또 나라 살림살이도 국민이 열심히 일하고 돈을 많이 벌어서 세금을 많이 내야 윤택해질 수 있어. 일을 하지 않으면 개인의 살림살이가 어려워지는 것은 물론이거니와 나라의 살림도 어려워지거든. 이렇게 보면 근로는 국민의 의무이면서 권리이기도 해.

교육도 국민의 중요한 의무야. 헌법 제31조 2항은 '모든 국민은 그 보호하는 자녀에게 적어도 초등 교육과 법률이 정하는 교육을 받게 할 의무를 진다.'라는 '교육의 의무'를 밝히고 있어. 이 의무에 따라 모든 국민은 법으로 정해진 기간 동안 교육을 받아야 돼. 예전에는 초등학교 6년만 의무 교육이었는데, 지금은 중학교 3학년을 마칠 때까지 9년이 의무 교육 기간으로 바뀌었어.

의무 교육 기간에는 나라에서 교육비를 부담하기 때문에, 국민은 교육비 부담 없이 더 오랫동안 교육을 받을 수 있게 된 거지. 교육의 의무도 근로의 의무처럼 국민의 의무이면서 권리이기도 해.

나라에서 의무 교육에 힘을 쏟는 것은 교육이 개인의 발전은 물론 나라의 발전을 위해서도 꼭 필요한 일이기 때문이야. 앞으

로 의무 교육 기간이 고등학교 과정까지 늘어난다면 국민은 그만큼 더 많은 혜택을 누리게 될 것이고, 나라의 발전에도 더 많은 도움이 될 수 있을 거야.

지금까지 이야기한 국방, 납세, 근로, 교육의 네 가지 의무를 '국민의 4대 의무'라고 불러.

그 밖에 '환경 보전의 의무'(헌법 제35조 1항)와 '공공복리에 적합한 재산권 행사의 의무'(헌법 제23조 2항)가 있어. 환경 보전의 의무는 '국민 모두가 깨끗한 환경에서 살 수 있도록 온 국민이 환경 보전을 위해 힘써야 한다.'라는 의무를 말하고, 공공복리에 적합한 재산권 행사의 의무는 '국민의 재산권 행사가 공공복리에 알맞도록 해야 한다.'라는 것을 밝힌 내용이야.

5
법 중에 으뜸가는 법, 헌법

영토와 국민과 주권이 나라를 이루는 기본이라면, 법은 그 나라 안에서 혹은 나라와 나라 사이에 반드시 지켜야 하는 사회 규범이야. 법은 사람으로서 기본적으로 누려야 할 인권을 지켜 주고, 국민으로서의 기본적인 권리인 기본권을 보장해 주는 역할을 하고 있어. 그럼 가장 높은 법인 헌법부터 하나씩 살펴볼까?

법에도 등급이 있어

여러 사람이 더불어 살아가려면 반드시 지켜야 할 일이 있지. 힘이 세다고 약한 사람을 함부로 괴롭혀서는 안 된다거나, 남의 집에 멋대로 들어가서는 안 된다거나, 아기가 태어나면 출생신고를 하는 것 같은 일 말이야.

이런 일은 모두 법으로 정해져 있어. 그리고 법을 어기면, 어긴 정도에 따라 처벌을 받아. 법은 이처럼 여러 사람이 안전하고 평화롭게 살아가기 위해서 있는 거란다. 그런데 법이라고 해서 모두 같지는 않아. 법에는 등급이 높은 법도, 등급이 낮은 법도 있어.

법 중에서 가장 등급이 높은 법, 곧 최고의 법은 헌법이야.

헌법 밑에는 법률이 있지. 헌법보다 등급이 낮은 법률은 그 내용이 위 등급인 헌법의 내용에 어긋나서는 안 돼.

헌법과 법률은 국민이 뽑은 대표인 국회의원이 모인 국회에서 만들어. 또 국회는 국민의 뜻에 따라 법을 고치는 일도 하지.

대통령도 법을 만들 수 있어. '시행령'이라는 법이야. 국회가 만든 법에 따라 나라를 다스리다가, 법을 시행하기 위해 좀 더 자세한 내용이 필요할 때 시행령을 만들지. 시행령은 헌법과 법률보다 아래에 있는 법이니까, 헌법과 법률의 내용에서 어긋나면 안 돼.

시행령 아래에는 시행 규칙, 규정, 조례, 규칙 순으로 더 등급이 낮은 법이 있어. 시행 규칙과 규정은 행정 기관에서 만든 법이야. 조례가 지방 의회에서 만든 법이라는 것은 앞에서 이야기했지? 규칙은 국회, 행정부, 법원 등 각 정부 기관에서 만드는 법이야.

알고 보니 헌법 밑에는 참 많은 법이 있지 않니?

> 정의의 여신 '유스티티아'

5. 법 중에 으뜸가는 법, 헌법

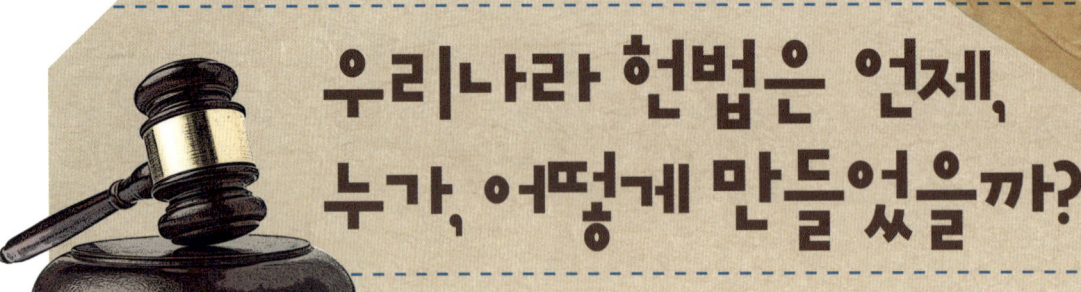
우리나라 헌법은 언제, 누가, 어떻게 만들었을까?

한 나라의 최고 법인 헌법은 보통 나라를 처음 세울 때 만들어. 우리나라의 헌법도 1948년 7월에 제헌 국회에서 처음 만들었어.

우리나라는 1945년 8월 15일에 해방됐지만, 일본군의 무장을 해제하기 위해 들어왔던 미군이 3년 가까이 우리나라를 다스렸어. 이를 '군정'이라고 해. 그러다가 1948년 5월 10일, 삼십팔도선 남쪽 지역에서만 총선거를 실시해서 국회의원을 뽑았지. 이때 구성된 국회를 '제헌 국회'라고 한단다. '헌법을 만든 국회'라는 뜻이야.

제헌 국회의 국회의원이 새 헌법을 만들고, 국회에서 투표를 거쳐 확정된 시기는 7월 12일이었어. 그리고 7월 17일, 제헌 국회의 초대 의장이었던 이승만이 서명하고 공포해서 우리나라의 첫 헌법이 비로소 효력을 발생하기 시작했어.

위에서 알 수 있는 바와 같이 국회에서 법안이 통과됐다고 곧바로 효력을 가지는 것은 아냐. 대통령이 서명하고 공포해야 효력이 발생하지. 하지만 이때는 아직 대통령이 없었기 때문에, 국회의장인 이승만이 서명·공포한 거야. 그리고 헌법을 공포한 7월 17일을 '헌법을 만든 날(제헌절)'로 기념하고 있어.

7월 20일에는 헌법이 정한 내용에 따라 제헌 국회에서 이승만을 대통령으로, 이시영을 부통령으로 뽑았어. 비로소 대한민국이라는 나라를 만든 것이었지. 지금은 국민이 직접 대통령을 뽑지만, 첫 헌법은 국회에서 대통령과 부통령을 뽑도록 되어 있었단다.

헌법에는 대한민국은 어떤 국가이고, 어떻게 나라를 다스려야 하고, 국민은 어떤 권리와 의

대한민국 정부 수립 국민축하식

5. 법 중에 으뜸가는 법, 헌법

무가 있는지 등의 모든 내용이 들어 있어.

헌법 제1조를 보도록 할까?

제1조 1항 대한민국은 민주 공화국이다.
제1조 2항 대한민국의 주권은 국민에게 있고, 모든 권력은 국민으로부터 나온다.

이처럼 헌법 제1조에는 우리나라가 공산주의 국가나 독재국가가 아닌 민주주의 나라라는 것을 분명히 밝히고 있지. 또 '주권은 국민에게 있고, 모든 권력은 국민으로부터 나온다.'라는 말로써 '나라의 주인은 국민'이라는 것을 분명히 하고 있어.

국회는 법을 만들 뿐 아니라, 일정한 절차에 따라 법을 폐지하거나 내용을 고칠 수도 있어. 그러나 헌법만큼은 국회라 해도 마음대로 못 고쳐. 헌법 개정안이 국회를 통과해도 국민 투표를 통해 과반수의 찬성을 얻어야 돼.

그럼 우리나라 헌법은 몇 차례나 고쳤을까?

제헌 국회에서 처음 헌법을 만든 후, 모두 아홉 차례의 헌법 개정이 이루어졌어. 하지만 그중에서 국민의 자유와 권리를 보장하고 민주주의를 발전시키기 위한 좋은 뜻의 개헌은 두세 차례 정도였지. 나머지는 이승만의 장기 집권이나, 군부 독재의 강화 및 장기 집권을 위한 개헌이었어.

처음부터 헌법을 바꿀 때 국민 투표를 했던 것은 아니었어. 국민 투표를 실시한 것은 5차 개헌 때부터야. 그 전에는 국회에서 통과하면 그대로 헌법 개정안이 확정돼서, 대통령이 공포만 하면 됐지.

우리나라 헌법 개정의 역사

● **1차 개헌(1952년)**

대통령과 부통령을 국회에서 뽑도록 했던 제헌 헌법을 국민이 직접 뽑도록 바꾼 개헌이었어. 제헌 국회가 끝난 후 시작된 2대 국회는 야당의 국회의원 수가 많았어. 이 때문에 국회에서 대통령을 뽑으면 이승만이 당선될 가능성이 없었지. 그래서 이승만이 다시 대통령을 하기 위해 힘으로 눌러 헌법을 고쳤던 거야.
헌법 개정안은 공고 절차도 거치지 않았고, 국회에서 기립 투표로 개헌안을 통과시켰어. 투표의 4대 원칙인 비밀 투표의 원칙조차 지키지 않은 엉터리 투표, 엉터리 개헌이었던 거야.

● **2차 개헌(1954년)**

2차 개헌 역시 이승만이 대통령 자리를 내놓지 않으려고 헌법을 고친 거야. 헌법에는 대통령을 한 번만 더 할 수 있도록 되어 있었는데(두 번), 초대 대통령만은 이 규정을 따르지 않고 계속 대통령을 할 수 있도록 했어. 이승만이 세 번째로 대통령을 하기 위해 헌법을 바꾼 거였단다.

● **3차 개헌(1960년)**
이승만 정권의 3·15 부정 선거로 폭발한 국민의 저항은 4·19 혁명으로 이어졌어. 결국 이승만 정권이 무너지고, 이승만은 대통령의 자리에서 물러났지. 또 개헌이 이루어져, 정부 형태가 대통령 중심제에서 내각 책임제로 바뀌었어. 장기 집권에 따른 독재를 방지하기 위해 국민의 자유와 권리를 최대한 보장한 개헌이었지.

● **4차 개헌(1960년)**
3·15 부정 선거와 관련된 반민주 행위자를 처벌하기 위해 헌법 부칙만 바꾼 개헌이었어.

● **5차 개헌(1962년)**
1961년, 박정희의 5·16 군사 정변으로 헌정이 중단되고 군사 정권이 들어섰어. 그 후 민간인에게 다시 정권을 넘겨주기 위한 헌법 개정이 이루어졌지. 정부 형태가 내각 책임제에서 다시 대통령 중심제로 바뀌고, 대통령을 두 번만 할 수 있도록 한 개헌이었어. 또 5차 개헌 때 처음으로 국민 투표를 실시해서 개헌안을 확정했지. 이 개헌안으로 출범한 정부를 '제3공화국'이라고 해.

● **6차 개헌(1969년)**
제3공화국 출범 이후, 두 번이나 대통령을 했던 박정희가 세 번째로 대통령을 하기 위해 실시했던 개헌이야. 5차 개헌 때 두 번만 대통령을 할 수 있도록 정한 조항을

없앤 개헌이었지. '삼선 개헌'이라고도 불러.

● **7차 개헌(1972년)**

1972년 10월 17일, 박정희 정권은 비상조치로 헌정을 중단시켰어. 그런 다음 비상 국무회의에서 헌법 개정안을 만들고, 11월의 국민 투표에서 확정시켰어. 이 헌법을 '유신 헌법'이라고 해.

유신 헌법의 특징은 국민의 기본권을 약화시키고, 대통령(박정희)의 1인 장기 집권을 위한 제도를 만들었다는 데 있어. 대통령은 통일주체국민회의에서 직접 선거가 아닌 간접 선거로 뽑고, 임기는 6년이었으며, 몇 번이든 대통령을 할 수 있게 했지.

● **8차 개헌(1980년)**

박정희가 부하 김재규에게 살해되면서 유신 체제는 막을 내렸어. 그러나 전두환·노태우 등 정권을 장악한 신군부가 국회를 해산시킨 뒤, 국가보위입법회의라는 기구를 만들고 헌법을 개정했어. 대통령을 간접 선거로 뽑고, 임기는 7년이었으며, 한 번만 할 수 있다는 내용이었지. 이 헌법은 국민 투표로 확정됐어.

● **9차 개헌(1987년)**

1987년에 있었던 '6월 민주 항쟁'의 승리로 이루어진 개헌이야. 국민이 직접 선거를 해서 직접 대통령을 뽑고, 대통령은 한 번만 할 수 있으며, 임기는 5년이라는 내용을 담고 있어. 바로 현행 헌법(지금 시행되고 있는 헌법)이야.

현행 헌법은 전문과 본문 130조, 부칙 6조로 구성되어 있어. 그리고 본문은 총강, 국민의 권리와 의무, 국회, 정부, 법원, 헌법재판소, 선거 관리, 지방 자치, 경제, 헌법 개정의 10장으로 나뉘어 있단다.

헌법과 인권

사람은 누구나 사람답게 살 권리를 가지고 태어났어. 이와 같은 권리를 '인권'이라고 해. 따라서 어느 누구도 다른 사람의 인권을 침해해서는 안 돼. 인권은 인간이 인간의 존엄성을 지키며 행복하게 살아갈 수 있는 권리이기 때문이야.

또 인권은 사람이 태어나면서부터 가진 기본적인 권리로서, 피부색·성별·종교·언어·국적·사상·신념 등을 뛰어넘어 오로지 인간이라는 이유만으로 가지는 것이란다. 그러므로 인권을 존중하는 것은 생각과 처지가 나와 다른 사람을 이해하고, 인간이라는 공동체 속에서 더불어 살아가는 지혜이기도 해.

프랑스 혁명을 그린 작품, 외젠 들라크루아의 〈민중을 이끄는 자유의 여신〉

 여기에서 꼭 알아 두어야 할 것이 하나 있어. 지금 우리가 누리고 있는 인권은 하늘에서 뚝 떨어진 것처럼 단번에 주어진 권리가 아니라는 사실이야. 인권도 민주주의의 발전처럼 고난의 역사 속에서 피어난 아름다운 꽃이거든.

 인권의 발전은 인권을 억압하려는 세력과 맞선 시민 혁명에서 비롯됐어. 왕의 권위를 앞세워 인권을 억압하는 절대 왕정이 절정을 이뤘던 17세기부터 18세기에 걸쳐, 영국의 청교도 혁명과 명예혁명, 미국의 독립 혁명, 프랑스 혁명과 같은 시민 혁명이 일어났지.

시민 혁명은 절대 군주의 통치 아래서 인간의 기본적인 권리를 되찾기 위한 투쟁이었어. 이 과정에서 〈권리 장전〉과 〈권리 선언〉 같은 문서를 통해 '인간으로서의 권리'를 당당하게 선언했지. 그래서 고문 폐지와 종교·사상·양심의 자유라는 성과를 거뒀어.

그러나 처음부터 모든 사람이 이와 같은 권리를 보장받았던 것은 아냐. 앞의 민주주의 발전에서도 이야기한 바와 같이, 시민 혁명의 결과로 선거권을 가지게 된 사람은 재산이 있는 남성뿐이었거든. 따라서 사회를 바꾸고 차별을 철폐하기 위한 인권 운동은 계속되었단다. 이 중요한 내용을 순서대로 정리해 볼까?

1. 미국, 독립 혁명 과정에서 '주권은 국민에게 있음'을 밝히는 〈독립 선언서〉 발표(1776년).
2. 프랑스 혁명 후 〈인간과 시민의 권리 선언〉 발표(1789년).
3. 부유한 사람만 가졌던 선거권을 모든 사람이 가질 수 있도록 확대하는 '차티스트 운동' 전개(1830년대).
4. 남성만 가졌던 선거권을 여성에게도 달라고 요구한 '여성 참정권 운동' 전개(1910년대).

5. 사회 보장 제도를 처음으로 밝힌 '독일 바이마르 공화국 헌법' 반포(1919년)

위와 같이 인권의 발전을 위한 많은 노력을 거쳐, 제2차 세계 대전이 끝난 뒤에는 국제 연합(UN)에서 〈세계 인권 선언〉을 발표했어.

두 번의 세계 대전을 거치면서 세계 곳곳에서 대규모 학살과 인권을 짓밟는 일이 벌어졌지. 이에 대한 반성 그리고 기본적인 인권을 지키기 위한 인류 공동의 노력이 필요하다는 생각에서

흑인 노예 무역

만든 것이 바로 국제 연합의 〈세계 인권 선언〉이었단다(1948년 12월 10일).

〈세계 인권 선언〉에는 세계 모든 나라가 지켜야 할 자유권, 참정권, 차별 금지, 경제적·사회적·문화적 권리 등 인권의 기준을 정해 놓고 있어. 그래서 세계 여러 나라에서 〈세계 인권 선언〉의 내용을 자기 나라의 헌법에 포함시켰지. 〈세계 인권 선언〉은 사람이 사람답게 살 권리(인권)를 보장하기 위한 인류의 아름다운 약속이라고 할 수 있어.

그러나 〈세계 인권 선언〉이 채택된 후에도 여성, 장애인, 유색 인종, 원주민, 어린이 등에 대한 사회적 차별과 인권 침해는 사라지지 않고 있지. 그래서 유색 인종에 대한 차별에 맞서 일어난 1960년대의 흑인 민권 운동과 이주 노동자들의 인권 보장을 요구하는 인권 운동, 장애인 인권 운동 등 스스로의 인권을 지키기 위한 노력은 계속되고 있어. 그리고 지구촌의 수많은 사람이 이러한 노력에 함께 참여하며 지지를 보내고 있지.

앞으로도 인권 보장을 위한 인류의 노력은 쉼 없이 계속돼 나갈 거야.

미국의 인종 차별 집단 KKK

헌법과 기본권

'인권'이 사람으로서 당연히 누려야 할 보편적인 권리라면, '기본권'은 헌법에 보장되고 있는 국민으로서의 기본적인 권리를 말해.

나라마다 헌법이 다르기 때문에 기본권 역시 나라마다 조금씩 다를 수 있어. 하지만 보편적인 인권 사상을 바탕으로 만들었기 때문에 큰 차이는 없단다.

우리나라도 헌법으로 기본권을 보장하고 있지. 헌법 제10조를 보도록 할까?

> 모든 국민은 인간으로서의 존엄과 가치를 가지며, 행복을 추구할 권리를 가진다. 국가는 개인이 가지는 불가침의 기본적 인권을 확인하고 이를 보장할 의무를 진다.

우리나라의 기본권은 헌법 제10조에서 출발한다고 할 수 있어. 헌법 제10조는 헌법이 보장하고 있는 기본권의 토대가 될 뿐 아니라, 인권 보장을 위한 국가의 의무도 강조하고 있지.

그럼 헌법이 보장하고 있는 기본권에는 어떤 것이 있는지 살펴볼까?

여성 참정권 운동

첫째, 자유권(국가 권력에 의해 국민의 자유가 침해당하지 않을 권리).

생명을 지킬 수 있는 생명권, 신체를 훼손당하지 않을 권리, 주거의 자유, 거주 이전의 자유, 양심의 자유, 종교의 자유, 언론·출판의 자유, 집회·결사의 자유 등이 헌법에 보장되어 있는 자유권이야.

둘째, 평등권(모든 국민이 법 앞에서 평등한 대우를 받을 수 있는 권리).

모든 국민은 법 앞에서 평등한 대우를 받아야 하며, 성별·종교 또는 정치적·경제적·사회적·문화적 생활의 모든 영역에서 차별받아서는 안 된다고 헌법이 보장하고 있어.

셋째, 참정권(국민이 정치에 참여할 수 있는 권리).

참정권에는 선거권과 피선거권이 있어. 선거권은 국민의 대표인 대통령이나 국회의원 등을 선거를 통해 선출할 수 있는 권리야. 피선거권은 대통령이나 국회의원 등이 되기 위해 직접 선거에 출마할 수 있는 권리를 말하지. 또 헌법 개정 같은 국가의 중요한 일을 결정할 때 직접 참여할 수 있는 국민 투표권도 참정권에 포함돼.

넷째, 청구권(다른 기본권을 보장받기 위한 수단의 성격을 가진 권리).

세계 최초의 성문법 '함무라비 법전'

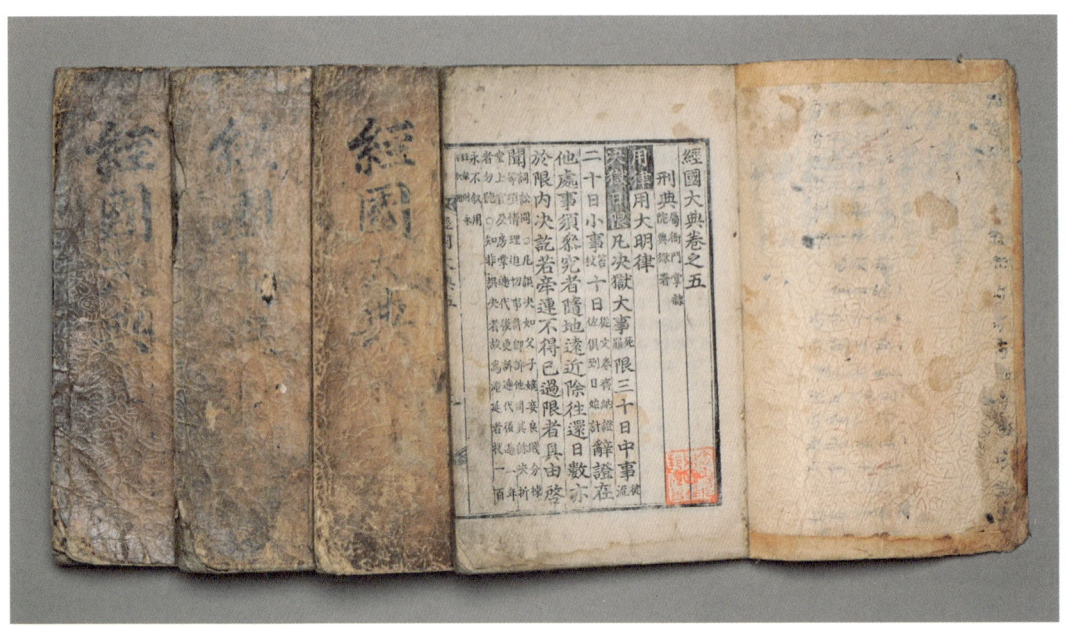

조선 시대 최고의 법전인 《경국대전》
_국립중앙박물관

입법이나 행정 기관 등에 국민의 뜻을 반영할 수 있는 청원권, 법관에 의한 재판과 법률에 의한 재판을 받을 수 있는 재판 청구권, 국가 보상 청구권, 국가 배상 청구권 등을 보장하고 있는 기본권이야.

다섯째, 사회권(국민이 인간다운 생활을 할 수 있도록 국가에 요구할 수 있는 권리).

국민이 인간다운 생활을 보장받을 권리, 교육을 받을 권리, 노동의 권리, 환경권, 보건권, 모성을 보호받을 권리 등이 사회권에 포함되는 기본권이야. 아울러 국가는 국민이 인간다운 생활을 할 수 있도록 노력할 의무를 가진다는 내용도 헌법에 들어 있어.

　헌법은 이처럼 많은 기본권을 보장하고 있어. 그렇지만 어느 한 사람이 누리는 자유와 권리가 다른 사람의 기본권을 침해해서는 안 돼. 그렇게 되면 사회 공동체의 질서는 무너지고 말지.
　이 때문에 우리 헌법은 '국가 안전의 보장과 질서 유지, 공공의 이익을 위해 필요할 경우 국가가 국민의 기본권을 제한할 수 있다.'라고 밝히고 있어.
　그러나 국가가 멋대로 제한 없이 국민의 기본권을 제한한다면, 헌법으로 국민의 기본권을 보장하고자 했던 좋은 뜻은 빛을 잃고 말지. 그래서 '국민의 모든 자유와 권리는 국가 안전 보장·질서 유지 또는 공공복리를 위하여 필요한 경우에 한하여 법률로써 제한할 수 있으며, 제한하는 경우에도 자유와 권리의 본질적인 내용을 침해할 수 없다.'라고 헌법 제37조에서 밝히고 있단다.

·6·
입법부,
행정부,
사법부

지금까지는 민주주의와 국가의 구성 요소 그리고 법에 대해 배웠지. 지금부터는 국민의 대표 기관인 국회와 국회에서 하는 일, 그리고 나라를 운영하는 방법 등을 배울 거야. 대통령제 국가인 우리나라에서 대통령이 하는 일은 무엇일까? 입법부와 행정부와 사법부에서 하는 일은 무엇일까? 또 국민이 할 수 있는 일은 무엇일까?

국민의 대표 기관 '국회'

앞에서 민주 정치의 기본 원리 가운데 하나로 권력 분립의 원리를 이야기했지? 국가 권력을 여러 독립된 기관이 나누어 맡아, 한 기관이 권력을 마음대로 휘두르지 못하도록 막는 것이 권력 분립의 원리라고 말이야.

오늘날의 민주 국가는 나라 최고의 법인 헌법에 이들 국가 기관이 어떻게 조직되어 있고, 운영은 어떻게 하는지에 대한 내용이 들어 있어. 대표적인 국가 기관으로는 법을 만드는 국회(입법부), 법에 따라 나라를 다스리는 정부(행정부), 법을 어긴 일에 대한 재판을 하는 법원(사법부)과 헌법재판소를 꼽을 수 있지.

그럼 국민의 대표 기관인 국회를 먼저 알아보도록 할까?

민주주의 국가에서는 국민이 나라의 주인이라고 했지? 그러므로 가장 바람직한 정치 형태는 국민이 직접 정치에 참여해서 스스로를 다스리는 거야. 고대 그리스의 아테네처럼 말이야. 아테네 시민들이 아고라에 모여 나랏일을 토론하고 정책을 직접 결정하기도 한다는 이야기를 했지?

그러나 요즘의 국가들은 땅덩어리가 커지고 인구도 많아져서, 모든 시민이 직접 정치에 참여해서 정책을 결정하고 스스로 나랏일을 하는 직접 민주 정치는 하기가 어려워. 그래서 국민이 대표를 선출하고, 그 대표들이 나랏일을 맡아서 하도록 해. 이런 민주 정치를 대의 정치라고 불러.

이때 국민이 뽑은 대표를 '국회의원'이라고, 국회의원이 모여

국회의사당

나랏일을 의논하는 곳을 '국회'라고 한단다.

국회의원은 국민이 각 지역에서 투표를 해서 직접 뽑는 '지역구 국회의원'과, 정당별 득표율에 따라 선출된 '비례 대표 국회의원'으로 나뉘어. 정당별 득표율은 지역구 국회의원을 뽑을 때 지지하는 정당 투표도 함께 실시해서 결정되지.

지금 헌법에는 국회의원의 임기는 4년이고, 국회는 200명 이상의 국회의원으로 구성하게 되어 있어. 또 의장 1인과 부의장 2인을 둔다는 내용도 들어 있지. 현재 국회의원의 수는 지역구 의원이 253명, 비례 대표 의원 47명으로 모두 300명이야.

법률은 어떤 절차를 거쳐 만들까?

법률을 만들려면 먼저 법률안을 제안해야 돼. 우리나라에서는 국회의원과 정부가 법률안을 제안할 수 있어.

법률안을 제안하면 국회의장은 법률안을 다루는 상임 위원회에 보내서 전문적인 심사를 거치도록 해. 그 후 법률안은 본회의에서 질의와 토론을 거쳐, 재적 의원 과반수의 출석과 출석 의원 과반수의 찬성으로 의결하게 되지.

의결된 법률안은 대통령이 15일 이내에 공포해야 돼. 법률안이 공포되면 그 법은 공포한 날로부터 20일 후에 효력이 발생되지. 이때 대통령은 법률안을 공포하지 않고 거부권을 행사할 수도 있어.

국회에서는 어떤 일을 할까?

이번에는 국회에서 하는 일을 자세히 알아보도록 할까? 국회는 나라의 주인인 국민을 대표하는 기관이므로, 국회에서 하는 가장 중요한 일은 국민의 뜻을 반영해서 법을 만들거나 개정하는 일이야.

또 헌법 개정안을 제안하고 의결하는 권한도 가지고 있어. 국회가 의결한 헌법 개정안이 효력을 발생하려면 물론 국민 투표에서 찬성을 얻어야 돼.

국회는 법률을 만들고 개정하는 일 이외에도 국민의 권리를 보호하기 위해 여러 가지 일을 하고 있어.

먼저 예산안을 심의하고 확정하는 권한을 꼽을 수 있지. 행정부는 매년 정기 국회 때 다음 해의 예산안을 제출해야 돼. 그러면 국회에서 이 예산안을 심의하고 확정하지. 그런 다음 행정부에서 확정된 예산안에 따라 다음 한 해의 나라 살림살이를 꾸려 가는 거야.

행정부가 나랏일을 제대로 하는지 감시하고 견제하는 것도 국회의 중요한 권한이야. 국회는 이를 위해 나랏일 전반에 대한 감사(국정 감사)를 실시하고, 특별한 문제점이 있는 일에 대해서는 국정 조사를 할 수 있어.

대통령이 행사하는 권한에 대한 동의권도 가지고 있단다. 국회는 국무총리와 대법원장 등 중요 헌법 기관 책임자의 임명에 대한 동의권을 행사할 수 있어. 그리고 헌법재판소의 재판관이나 중앙 선거관리위원회 위원의 일부를 선임하는 권한도 가지고 있지.

대통령을 비롯해서 법률이 정한 공무원이 직무 수행 중에 헌법이나 법률을 위반했을 때는 '탄핵 소추'를 의결할 수도 있어. 국회에서 탄핵 소추가 의결되면, 헌법재판소가 이를 심판해서 탄핵받은 사람을 공직에서 파면할 수 있지.

이번에는 국회를 운영하는 데 필요한 제도는 어떤 것이 있는지 알아보도록 할까?

국회는 본회의와 상임 위원회, 여러 특별 위원회, 교섭 단체 등이 중심이 되어 활동을 하고 있어.

'본회의'는 말 그대로 국회의원 모두가 참여하는 회의야. 국회 활동의 중심이라고 할 수 있지. 본회의에서는 법률안과 예산안의 의결 등 중요한 결정이 이루어지고 있어. 일반적으로 재적 의원 과반수의 출석과 출석 의원 과반수의 찬성으로 의사 결정이 이루어진단다.

탄핵 소추란 무엇일까?

탄핵 소추는 대통령과 국무총리, 국무 위원 등 행정부의 고위 관리나 법관, 감사원장 등 법률이 정한 공무원이 헌법이나 법률을 위반했을 때, 국회에서 이들을 파면시키기 위해 밟을 수 있는 절차야.

탄핵 소추를 의결하려면 국회 재적 의원 3분의 1 이상이 발의하고, 재적 의원의 과반수가 찬성해야 돼. 다만 대통령을 탄핵 소추할 때는 요건이 좀 더 엄격하지. 이때는 국회 재적 의원 과반수의 발의와 재적 의원의 3분의 2 이상 찬성해야만 의결이 가능하단다.

국회에서 탄핵 소추가 의결되면, 헌법재판소의 탄핵 심판을 거쳐 탄핵을 할 것인가 말 것인가 결정하게 되지.

'상임 위원회'는 국회 본회의에서 심의·의결할 법률안을 미리 조사하고 심의해서, 본회의 활동이 잘 이루어도록 하는 곳이야. 교육 문화 체육 관광 위원회, 국방 위원회 등 여러 상임 위원회가 있지.

'특별 위원회'는 특별히 심의가 필요한 안건이 있을 때 구성되는 위원회를 말해. 예산 결산 특별 위원회, 윤리 특별 위원회, 인사 청문 특별 위원회 등이 있단다.

'교섭 단체'는 일정한 수 이상(국회법에는 20인 이상)의 국회의원이 소속된 정당이나 모임에 대표권을 주어 단체를 만들 수 있도록 한 제도야. 국회는 이러한 교섭 단체 등을 통해서 국회 운영을 협의하고, 국회 운영이 원활하게 이루어질 수 있도록 하고 있지.

대통령은 어떤 일을 할까?

행정부는 국회와 더불어 헌법에서 정한 중요한 국가 기관이야. 그런데 '행정'이란 무엇일까?

행정은 국회가 만든 법을 집행하고, 국민이 안전하고 행복하게 살 수 있도록 여러 정책을 만들어 실행하는 일을 말해.

아기가 태어나면 주민 센터에서 출생신고를 하고, 차가 많이 밀리면 교통순경이 교통정리를 해 주고, 위험한 일이 닥쳐서 119에 신고하면 구급차가 달려와서 문제를 해결해 주는 일 등이 모두 행정이야. 그리고 이런 일을 담당하는 기관을 행정부라고 하지.

행정부는 대통령과 국무총리 및 각부 장관으로 이루어져 있어. 그중에서 대통령은 국민의 손으로 직접 선출하고 있지. 대통령의 임기는 5년이라고 헌법에 정해져 있어. 또 대통령은 행정부의 수반으로서 행정에 대한 최종 권한을 가지고 책임도 져. 그뿐 아니라 외국에 대해서 국가를 대표하는 최고 책임자의 지위도 가지고 있단다.

그 밖에도 대통령은 나라를 안전하게 지키고 헌법을 수호하기 위한 여러 막강한 권한도 가지고 있어. 먼저 꼽을 수 있는 것이 국군 통수권자로서의 권한이야.

대통령은 국군의 최고 책임자로서 외국과 영토 분쟁이 일어나거나 외국이 침략을 하면, 전쟁을 선포하고 군대를 동원해서 이를 막아야 해. 특히 우리나라는 남북이 갈라져 서로 맞서고 있기 때문에 대통령의 국군 통수권은 매우 중요해.

또 대통령은 행정부의 공무원을 임명하거나 해임할 수 있고, 국회가 만든 법률에서 위임받은 사항이나 법률을 집행하기 위해 필요한 내용을 대통령령으로 정해서 집행할 수 있어. 뿐만 아니라 국회에서 만든 법률안에 거부권을 행사해서 국회를 견제할 수도 있지.

대통령은 국가의 원수로서 외국에 대해 나라를 대표하므로, 외국과 조약을 체결하는 것도 대통령의 권한이야. 또 외교 사절을 임명하거나 받아들이는 등 외교에 대한 권한도 대통령이 행사한단다.

그 밖에 대법원장, 국무총리, 감사원장 임명 등 헌법 기관을 구성하는 권한도 대통령이 가지고 있어.

대통령에게는 나라를 안전하게 지키고 헌법을 수호하기 위해 행사할 수 있는 매우 중요한 권한이 있어. 바로 '긴급 명령권'과 '계엄 선포권'이야.

긴급 명령권은 천재지변과 내우외환 등으로 국가가 재정과 경제상의 중대한 위기를 맞아 국회의 소집을 기다릴 여유가 없을 때, 국가의 안전 보장과 공공의 질서를 유지하기 위해 내릴 수 있는 명령이야. 이 경우의 긴급 명령권은 법률과 같은 효력을 가지고 있어. 그러나 대통령이 곧바로 국회에 보고해서 승인을 받아야 효력이 발생돼. 승인을 받지 못할 때는 즉시 효력을 상실하게 되지.

계엄 선포권은 긴급 명령권보다 더 강력한 권한이야. 전쟁이나 내란, 반란, 폭동 등의 국가에 비상사태가 발생했을 때, 군대를 동원해서 행정권과 사법권의 전부 또는 일부를 대통령이 맡아 나라를 다스리는 거야. 따라서 계엄령이 선포된 지역에서는 계엄 사령부가 행정권과 사법권을 가지게 되지.

계엄령을 인정하는 대부분의 국가는 비상사태에 대한 일시적인 조치로써 계엄령을 실시할 때, 반드시 국회의 동의를 얻도록 되어 있지. 그러나 독재 정권이 반대자를 탄압하기 위한 수단으로 이용되는 부작용을 낳고 있어. 우리나라도 6·25 전쟁 때 이승만 정권이 수시로 계엄령을 선포했고, 박정희와 전두환의 군사 독재 정권도 민주화 세력을 탄압하기 위한 수단으로 계엄령을 사용했지.

대통령이 가진 또 하나의 중요한 권한은 나라를 망하게 하거나 위태롭게 하는 중대한 죄를 저지르지 않는 한, 대통령으로 있는 동안은 법적인 처벌을 받지 않는다는 거야. 물론 대통령의 임기가 끝난 후에는 대통령으로 있었던 동안 저질렀던 범죄를 처벌받아야 하지.

그럼 대통령이 되려면 어떤 자격이 있어야 할까? 먼저 나이가 만 40세 이상인 대한민국 국민이어야 후보로 나설 수 있어. 그리고 선거일을 기준으로 현재 5년 이상 국내에 거주한 사람이어야 하지. 또 불법 선거로 처벌을 받거나 법원의 판결로 선거권이 없는 사람은 대통령이 될 수 없어. 마지막으로 정당의 추천이나 일정한 수의 선거인으로부터 추천을 받아야 대통령에 출마할 수 있단다.

첫 번째 물방울이 된 대통령들

옛날 옛적에
물방울 둘이 있었네.
하나는 첫 번째 물방울이고
다른 하나는 마지막 물방울이라네.
첫 번째 물방울이 가장 용감하였네.
나는 마지막 물방울이 되도록 꿈꿀 수 있었네.
모든 것을 뛰어넘어
우리가 우리의 자유를 되찾는 그 물방울이라네.
그렇다면 누가
첫 번째 물방울이 되려고 할까?

노르웨이의 시인 군나르 롤드크밤의 〈마지막 한 방울〉이라는 시야. 2000년 12월, 김대중 전 대통령이 노벨 평화상을 받을 때였어. 군나르 베르게 노벨상 위원장이 김 전 대통령을 노벨상 수상자로 선정한 이유를 설명하면서 낭송한 시였지.

노벨 평화상 시상식이 열리는 오슬로 시청

김대중 전 대통령이 우리나라 사람으로는 처음으로 노벨상을 받았다는 사실은 모두가 알고 있겠지?
지금부터는 이 시에 나오는 것과 같이 대통령으로서 최초의 물방울이 된 사람들의 이야기를 해 볼까 해. 먼저 전 세계에서 최초로 대통령이 된 사람부터 한 명씩 알아볼까?

● 세계 최초의 대통령 '조지 워싱턴'

세계에서 가장 먼저 대통령이 된 사람은 미국의 초대 대통령인 조지 워싱턴이야. 워싱턴은 1775년에 미군 사령관으로 임명되어 영국과의 독립 전쟁을 승리로 이끌었어. 그 후 고향인 버지니아에서 농장을 경영하다가, 필라델피아에서 열렸던 미국 헌법안을 만들기 위한 국민 대표자 회의에서 회장으로 추대됐어. 그리고 1789년 4월 30일에 만장일치로 미합중국의 초대 대통령으로 선출되었어.

조지 워싱턴이 세계에서 최초로 대통령이 된 인물이라는 사실은 곧 미합중국이 세계에서 가장 먼저 대통령 중심제를 채택한 국가라는 의미도 돼. 워싱턴은 1대와 2대, 두 차례에 걸쳐 8년 동안 대통령을 했지. 그리고 한 번 더 대통령을 해 달라는 제의를 받았으나 뿌리치고 물러났어. 여러 꼼수를 써서 장기 집권을 하려고 했던 우리나라 대통령들과 달리, 법률로 정해진 임기를

조지 워싱턴

마치고 미련 없이 대통령직에서 물러난 조지 워싱턴의 선택은 그가 세계 최초의 대통령이라는 사실 못지않게 빛나는 일 아니겠니?

● **아시아 최초의 여성 대통령 '코라손 아키노'**

코라손 아키노는 필리핀의 야당 지도자였던 남편 베니그노 아키노가 마르코스의 독재 정권에 의해 암살되자, 독재 타도를 외치며 정치에 뛰어들었어. 그리고 비폭력 평화 시위에 앞장섰지. 이 같은 활동을 발판으로 1986년에는 국민들의 절대적인 지지 속에 대통령으로 당선되었어. 아시아 최초의 여성 대통령이 된 거였지.

● **남아프리카 공화국 최초의 흑인 대통령 '넬슨 만델라'**

남아프리카 공화국은 국민의 대부분이 흑인이지만, 인종 차별 정책으로 백인이 지배한 나라였어. 넬슨 만델라는 흑인 민권 운동가로서 1964년부터 26년간 감옥살이를 하며 남아프리카 공화국 흑인들의 희망이 되어 왔지. 1993년에는 비폭력 민권 운동으로 노벨 평화상을 받기도 했어. 그리고 1994년의 선거에서 대통령으로 당선되어 남아프리카 공화국 최초의 흑인 대통령이 되었단다.

최초의 물방물이 된다는 것은 힘겹고 고난에 찬 개척자의 길을 가야 하는 일이야. 앞에 소개한 세 사람은 바로 그런 개척자의 길을 간 대통령들이라고 할 수 있어.

넬슨 만델라

행정부는 어떤 일을 할까?

우리나라 행정부는 행정 자치부, 기획 재정부, 교육부 등 열일곱 개 부와 여러 행정 기관으로 구성되어 있어. 그리고 정부 형태가 대통령제이기 때문에, 대통령을 수반으로 하는 정부가 행정권을 가지고 있지. 또 대통령 밑에는 있는 국무총리를 비롯한 여러 행정 기관이 행정 업무를 담당하고 있어.

먼저 국무총리에 대해 알아보자꾸나. 국무총리는 대통령이 임명하는 직책으로, 대통령을 보좌하는 일을 하고 있어. 대통령의 명을 받아서 각 부처를 총괄하는 것이 국무총리가 맡은 중요한 업무란다.

행정 각부의 장(장관)도 대통령이 임명하고 있어. 이들은 행정 사무를 구체적으로 집행하는 일을 해. 또 국무회의에 참석해서 나랏일을 의논하고 의견을 말하기도 하지.

국무회의는 대통령, 국무총리, 국무 의원(각부 장관)으로 구성된 행정부 최고 심의 기구야. 이때 대통령은 국무회의 의장, 국무총리는 부의장이 되지.

국무회의는 헌법 개정안, 국민 투표안, 각종 법률안 및 조약안, 대통령령안 등을 심의해서 의결하는 일을 하고 있어. 또 외교처럼 중요한 대외 정책의 안건을 처리하는 것도 국무회의에

장관 회의

서 하는 일이지.

뿐만 아니라 군사적 중요 사항, 국정의 중요 계획, 훈장의 수여와 공무원의 임명 등을 심의해서 처리하는 곳도 국무회의야.

대통령이 행정부의 수반이라고 해서 혼자 나랏일을 마음대로 하는 것이 아니란다. 우리나라의 중요한 일은 모두 국무회의의 심의를 거쳐 실행한다고 할 수 있어.

또 하나의 중요한 행정 기관으로는 감사원이 있어. 감사원은 대통령 소속의 독립된 지위를 가진 기관이야.

감사원에서는 다른 행정 기관 및 공무원이 일을 제대로 하는지 잘못하는지를 감찰하고, 국가의 세금 수입과 지출을 결산하는 일도 해. 감사원은 다른 행정 기관이나 공무원이 두려워하는 기관이라고 할 수 있지. 왜냐하면 자기들의 잘못을 캐는 것이 감사원이 하는 일이기 때문이니까.

법원은 무슨 일을 할까?

나라 안에서 함께 살아가고 있는 사람들 사이에 다툼이 일어나거나 법을 위반해서 사회 질서를 어지럽히는 사람이 있을 때, 나라에서는 법을 해석하여 이를 바로잡는 일을 하게 되지. 국가가 하는 이와 같은 일을 사법이라고 해. 우리나라 헌법에는 법원과 헌법재판소에서 사법을 담당하도록 되어 있어.

그럼 먼저 법원을 알아보도록 할까?

법원은 일정한 가격을 갖춘 법관으로 구성되어 있고, 최고의 법원인 대법원과 각급 법원으로 나뉘어 있어.

대법원은 대법원장과 대법관으로 이루어져 있고, 대법원장은 국회의 동의를 얻어 대통령이 임명해. 임기는 6년이야.

대법원 아래에는 고등 법원과 특허 법원이 있어. 각 고등 법원 아래에는 지방 법원과 지방 법원 지원이 있고, 가사 사건 및 소년 보호 사건을 전담하는 가정 법원과 행정 사건을 전담하는 행정 법원이 있지.

법원은 법을 어긴 사람을 재판해서 죄를 묻는 일을 하는 곳이야. 재판을 통해 개인 간의 다툼을 해결하고, 사회 질서를 유지해서 국민의 권리를 보호하는 것이 법원의 중요한 역할이지.

법원이 하는 재판에는 민사 재판과 형사 재판, 행정 재판 등 여러 종류가 있어. 여기에 대해서는 나중에 좀 더 자세히 설명해 줄게.

법원

한편 대법원은 행정부에서 만든 명령이나 규칙 등이 법률에 위반되는지 심사하고, 국회에서 만든 법률이 헌법에 위반되는지의 여부도 헌법재판소에 심판해 달라고 재청하는 권한을 가지고 있어. 이것은 법원이 행정부와 국회를 견제하는 중요한 권한이지.

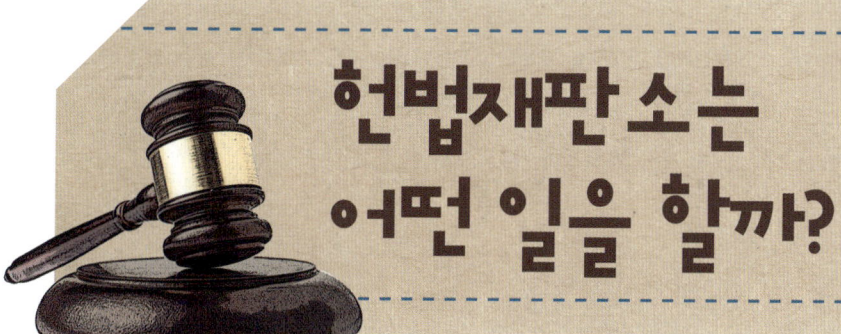

헌법재판소는 어떤 일을 할까?

헌법재판소는 헌법의 해석과 관련된 사건을 사법적인 절차를 통해 해결하는 기관이야. 모두 아홉 명의 재판관으로 구성되어 있지. 법관의 자격을 가진 사람 가운데 대통령과 대법원장이 각각 세 명씩 지명하고, 국회에서 세 명을 선출해서 대통령이 임명해. 또 헌법재판소 소장은 재판관 중에서 국회의 동의를 얻어 대통령이 임명하고.

헌법재판소 재판관의 임명 절차를 이렇게 복잡하게 만든 이유는 정치적 중립성을 지키기 위해서야. 그럼 헌법재판소가 하는 일을 좀 더 구체적으로 알아볼까?

헌법재판소

첫째, 법률 위헌 심판.

국회가 만든 법률에 대해 법원의 제청이 있을 때, 헌법에 위반되는지를 심판하는 일이야.

둘째, 탄핵 심판.

법률이 정한 공무원이 직무상 법률에 위반되는 행위를 했다고 국회에서 탄핵 소추를 의결할 때, 헌법재판소는 최종적으로 탄핵을 결정하는 권한을 가지고 있어.

셋째, 정당 해산 심판.

정당의 목적이나 활동이 민주적인 기본 질서에 어긋난다고 정부가 제소했을 때, 헌법재판소는 정당 해산을 최종적으로 결정할 수 있는 심판권을 가지고 있어.

넷째, 권한 쟁의 심판.

국가 기관 사이에 또는 국가 기관과 지방 자치 단체 사이에 다툼이 생겼을 때, 어느 쪽이 옳고 그른지를 심판하는 권한이야.

다섯째, 헌법 소원 심판.

공권력에 의해 기본권을 침해당한 국민이 이를 구제받기 위해 헌법재판소에 헌법 소원을 내면, 이에 대한 심판권을 행사하게 돼.

헌법재판소는 이와 같은 여러 심판권을 통해 나라의 최고 법인 헌법을 수호하고, 국민의 기본적인 권리를 보장하는 일을 하고 있어.

헌법 수호자의 상

서울 종로구에 있는 헌법재판소에는 '헌법 수호자의 상'이 있어. 한 청년이 오른손에는 저울을 새긴 법전, 왼손에는 끊어진 쇠사슬을 움켜쥐고 있는 모습이지.

청년이 들고 있는 법전의 저울 위에는 삼각형과 사각형이 서로 균형을 이루고 있어. 세상에는 각기 다른 모습과 생각을 가진 사람들이 살아가고 있지만, 헌법 앞에서는 모두 같은 가치를 가지는 존재임을 표현한 거야.

그럼 끊어진 쇠사슬을 움켜쥔 왼손은 무엇을 의미하는 것일까? 자유와 기본권을 억압하는 부당한 세력 앞에서 결코 물러서지 않겠다는 의지를 표현한 거야.

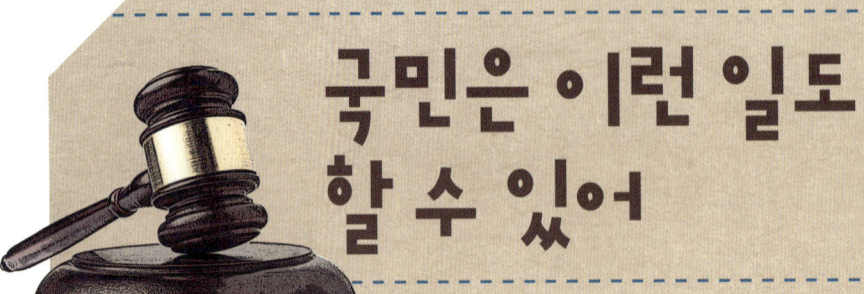

국민은 이런 일도 할 수 있어

지금까지 헌법에 정해진 국가 기관에서 하는 여러 가지 일을 알아보았어. 그렇다면 국민은 국가 기관에서 하는 일에 그냥 따르기만 하고 아무 일도 할 수 없는 것일까?

그렇지 않아. '입법 청원', '주민 참여 예산제', '국민 참여 재판' 등을 통해 일반 국민도 직접 나랏일에 참여할 수 있는 길이 열려 있단다.

입법 청원은 국민이 새로운 법령의 제정이나 개정을 요구할 수 있는 제도를 말해. 입법 청원을 하려면 국회의원의 소개를 받아 제출 양식을 작성하고, 국회 사무처의 의정 지원 종합 센

터를 직접 방문해서 제출하면 돼. 또 국회의원의 의원실을 거쳐 제출할 수도 있어.

주민 참여 예산제는 앞서 지방 자치 제도를 설명하면서 잠깐 이야기한 바 있지? 지방 자치 단체의 예산 편성 과정에 지역 주민이 직접 참여해서, 자신들이 원하는 우선순위에 따라 예산을 결정할 수 있는 제도야. 이처럼 예산 편성에 주민들의 의견이 반영되면 예산의 투명성을 확보할 수 있어.

국민 참여 재판 제도는 국민이 배심원으로서 형사 재판에 참여하는 제도야. 배심원이 되려면 법원 관할 구역 안에 사는 20세 이상의 국민이어야 해. 법원은 신청자 중에서 임의로 배심원을 선정하게 되지. 배심원이 되면 공판정에 참여해서 사건에 대한 유무죄의 판단과 형량에 대한 의견을 이야기할 수 있어. 배심원의 수는 다섯 명에서 아홉 명 사이야. 배심원으로 선정되면 특별한 사유가 없는 한 반드시 공판에 참여해야 돼.

배심원석

1.
법을 어기면 왜 처벌받을까?

앞서 법의 종류와 내용 등을 배우면서 혹시라도 '법은 정말 어려운 것이구나.' 또는 '법은 무척 특별한 것이구나.'라고 생각했다면, 전혀 그렇지 않다고 말해 주고 싶어. 횡단보도에서 빨간불이 파란불로 바뀔 때까지 기다렸다가 건너거나, 쓰레기를 분리수거 하는 것도 사실은 모두 법이거든. 이처럼 법은 우리의 생활 속에서 얼마든지 만날 수 있어.

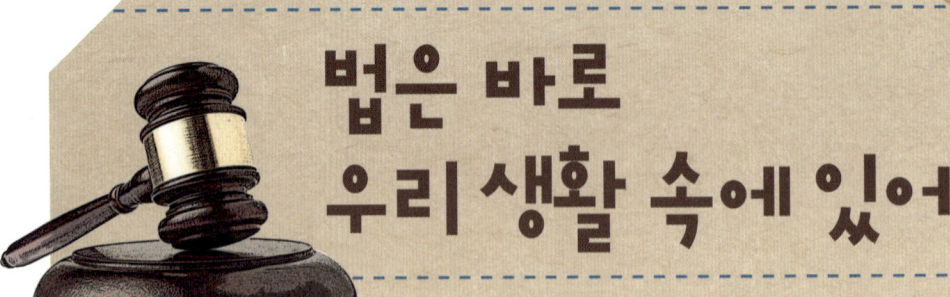

법은 바로 우리 생활 속에 있어

앞 장에서는 헌법이 정한 여러 국가 기관을 알아보고, 법률을 어떻게 만들고 집행하는지 알아보았어. 그럼 법은 우리의 일상생활과 구체적으로 어떤 관계가 있는 것일까? 작은 예를 하나 들어 보자꾸나.

길을 가다 봉투 하나가 떨어져 있어서 주워 보니 안에 돈이 들어 있었어.

"이걸 어떻게 하지? 주운 사람이 임자니까 그냥 가질까? 본 사람도 없는데?"

그러나 이 돈을 그냥 가지면 '유실물법 제1조'에 위반돼. 유실물법에는 길에서 돈이나 물건을 주우면 주인을 찾아 주든가, 아니면 경찰서에 제출해야 된다고 되어 있어.

횡단보도를 건널 때는 신호등에 파란불이 들어와야 건널 수 있지? 이건 도로교통법에 따른 것이야. 그리고 집이나 학교에서 쓰레기를 버릴 때는 종류별로 분리해서 버려야 하지? 왜냐하면 쓰레기를 버리는 것도 환경 보전법에 정해져 있거든.

또 아기가 태어나면 가족 관계의 등록 등에 관한 법에 따라 출생신고를 해야 되고, 아기가 자라서 일정한 나이가 되면 초·중등 교육법에 따라 초등학교에 입학해야 돼. 아이가 더 자라서 만 17세가 되면 주민등록증을 발급받는데, 이것은 주민 등록법

의 규정에 따른 것이지.

　우리는 흔히 '법은 우리 생활과 별 관계가 없는 일'이라고 생각하기 쉬워.

　그렇지만 앞의 보기에서 알 수 있는 것같이, 우리 생활의 아주 작은 부분도 법과 관련되어 있는 일이 많아. '우리는 법 속에서 법과 더불어 살아간다.'라고 해도 지나친 말이 아닐 거야. 그 때문에 법을 지키지 않으면 사회 질서가 무너지고, 법을 어긴 사람은 처벌을 받는 것이지.

유실물법 제1조의 내용을 알아볼까?

①타인이 유실한 물건을 습득한 자는 이를 신속하게 유실자 또는 소유자, 그 밖에 물건 회복의 청구권을 가진 자에게 반환하거나 경찰서(지구대·파출소 등 소속 경찰관서를 포함한다. 이하 같다) 또는 제주특별자치도의 자치 경찰단 사무소(이하 '자치 경찰단'이라 한다)에 제출하여야 한다. 다만 법률에 따라 소유 또는 소지가 금지되거나 범행에 사용되었다고 인정되는 물건은 신속하게 경찰서 또는 자치 경찰단에 제출하여야 한다.

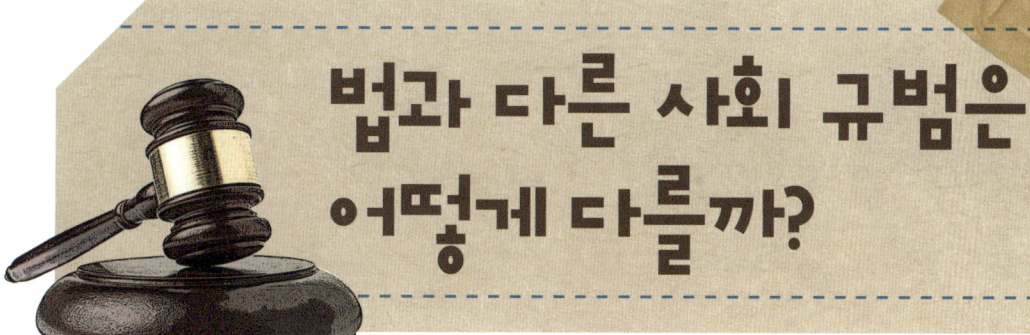

법과 다른 사회 규범은 어떻게 다를까?

사람은 사회라는 공동체 속에서 살아가고 있어. 그런데 많은 사람이 어울려 살다 보면 이런저런 다툼이 일어나게 마련이지. 또 작은 다툼이 큰 싸움으로 번지기도 해. 학교생활을 돌이켜 보면 이런 일을 더 잘 알 수 있을 거야.

학교에서 여러 친구와 어울려 생활하다 보면, 서로 생각이 맞지 않거나 생활 습관이 달라 다투게 되는 경우가 흔히 있잖니? 또 처음에는 그냥 말로 다투다가 나중에는 주먹다짐까지 벌이는 일도 없지 않아.

사회 구성원 사이에서 일어나는 이와 같은 갈등을 예방하고 질서를 유지하기 위해 '사회 규범'이라는 것이 있어. 바꿔 말하면 사회 규범은 사회 구성원이 서로서로 평화롭게 살아가기 위해 지켜야 할 행위의 기준이라고 할 수 있지.

법도 이러한 사회 규범 가운데 하나야. 사회 규범에는 관습과 도덕, 종교와 법 등 여러 가지가 있어.

관습은 일정한 지역에서 오랜 세월 동안 똑같은 일을 되풀이해 오면서 자리 잡은 규범이야. 새해가 되면 웃어른을 찾아뵙고 세배를 한다거나, 명절 때 고향을 찾는 일 등이 바로 관습이라고 할 수 있어.

사람에게는 양심이라는 것이 있지. 도덕은 바로 인간의 양심과 관계된 규범이야. 사람은 누가 보거나 시키지 않아도 이런 일은 해서 안 되고, 이런 일은 해도 괜찮다는 나름의 판단 기준이 있잖아. 이처럼 인간으로서 마땅히 지켜야 할 도리에 따라 행동하는 것이 도덕이지.

종교 규범은 종교의 계율이 사회 규범으로 발전한 거야. 따라서 종교가 다르면 규범이 다를 수 있고, 이 때문에 갈등이 일어나기도 하지.

 법은 앞의 사회 규범과는 많은 차이가 있어. 법의 특징은 관습이나 도덕과 비교해서 내용이 명확하다는 점이야. 관습과 도덕은 구체적인 내용은 사람마다 의견이 다를 수 있어. 그렇지만 법은 그 내용이 구체적으로 정해져 있어서, 법률에 일정한 지식이 있는 사람이라면 누구나 쉽고 명확하게 알 수 있지.

 법의 또 다른 특징은 강제성이 있다는 점이야. 도덕이나 관습 등 다른 사회 규범은 지키지 않으면 다른 사람들에게 비난을 받

불교의 석탄일 연등 행사

고, 스스로 양심의 가책을 느낄 수도 있어. 그러나 법은 지키지 않으면 국가로부터 처벌을 받게 돼.

그럼 법과 도덕을 다시 한 번 자세히 비교해 보도록 할까?

법의 목적은 정의를 실현하는 일이야. 그러나 도덕은 정의의 실현보다 선(善)을 실현하는 데 더 큰 목적을 두고 있어.

법은 강제성을 띠지만, 도덕은 개인의 자율에 맡기고 있어. 또 법은 행위의 결과를 중요하게 여기지만, 도덕은 행위의 동기를 중요하게 여겨.

이슬람교의 성지 메카에 모인 이슬람교도들

착한 사마리아인 법

'착한 사마리아인 법'은 '자신에게 특별히 위험한 일이 일어나지 않았음에도 불구하고, 어려움에 빠진 사람을 구해 주지 않는 행위를 처벌하는 법'을 일컫는 말이야. 강도를 당해 길에 쓰러져 있는 유태인을 보고, 당시 사회의 상위 계층인 제사장과 레위 인은 모두 그냥 지나갔지만, 유태인과 적대 관계였던 사마리아인만 구해 주었다는 이야기에서 비롯된 이름이란다.

2011년 2월의 일이었어. 잔뜩 술에 취해 서울역 대합실에서 잠자고 있던 노숙인을 영하 9.7도의 날씨에 밖으로 내보내서 저체온증으로 사망한 사건이 일어났어. 노숙인을 밖으로 내몬 사람은 역무원이었는데, 법원은 그에게 무죄를 선고했어. 노숙인을 추위 속으로 내몬 것은 도덕적으로 비정한 행동이지만, 법을 위반한 것은 아니라는 이유에서였지.

프랑스·독일·스위스·이탈리아·노르웨이·벨기에·러시아 등 유럽의 여러 나라와 중국 그리고 미국의 일부 주에서는 위험에 처한 사람을 구조할 수 있는데도 그냥 지나쳤을 경우, 법에 따라 처벌받게 되어 있어. 이들 나라에서는 착한 사마리아인 법을 시행하기 때문이지. 하지만 우리나라에는 아직 이런 법이 없고, 그래서 노숙자를 추위 속으로 내몬 역무원이 처벌받지 않은 거였어.

착한 사마리아인 법은 우리에게 '법과 도덕의 관계'에 대해 생각해 보도록 한다고 할 수 있어.

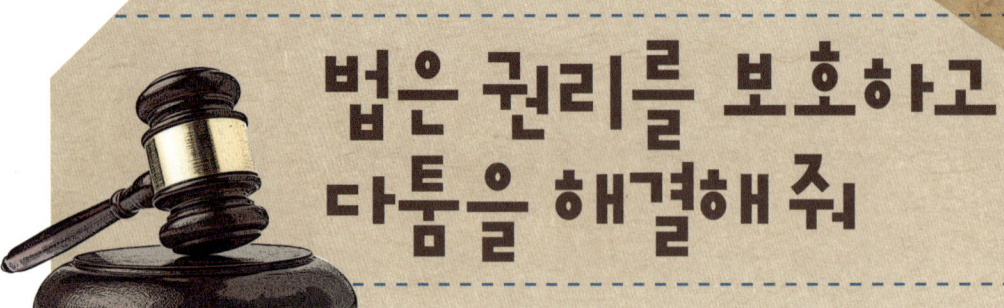

법은 권리를 보호하고 다툼을 해결해 줘

법은 도덕과 달리 강제력을 가진 사회 규범이기 때문에, 자칫 잘못 생각하면 우리를 속박하고 있다고 여기기가 쉬워. 그러나 법이 없다면 어떻게 될까? 강한 사람이 약한 사람을 마음대로 괴롭히고, 미국의 서부 개척 시대처럼 모두 총을 가지고 다니며 스스로를 보호하려 할 거야. 그럼 사회가 말할 수 없이 혼란스러워지고 위험해질 것이 뻔하지.

법이 하는 일은 크게 두 가지로 나누어 생각할 수 있어. 하나는 힘없는 사람이 강한 사람에게 일방적으로 당하지 않도록 보호해 주는 일이고, 다른 하나는 다툼이 일어났을 때 옳고 그름을 가리고 해결해 주는 일이야.

법에는 국민이 가지고 있는 권리의 내용과 이를 침해당했을 때 구제받을 수 있는 방법이 명확하게 밝혀져 있어.

예를 들어 볼까?

엄마나 아빠와 시장에 가서 농산물이나 수산물을 구입할 때 원산지가 표시되어 있는 것을 볼 수 있을 거야. 이는 '농수산물의 원산지 표시에 관한 법률'에 농수산물의 원산지를 표시하도록 되어 있어서, 소비자의 알 권리를 보장하고 있기 때문이지.

그뿐만 아니라 '소비자 기본법'에는 소비자의 권익 보호를 위해 한국소비자원을 운영할 것과, 소비자가 피해를 입었을 때 구

원산지 표시

제받을 수 있는 절차가 나와 있어.

또 '청소년 기본법'에는 '청소년은 안전하고 쾌적한 환경에서 자기 발전을 추구하고 정신적·신체적 건강을 해치거나 해칠 우려가 있는 모든 형태의 환경으로부터 보호받을 권리를 가진다.'라는 내용이, '교육기본법'에는 '부모 등 보호자는 보호하는 자녀 또는 아동이 바른 인성을 가지고 건강하게 성장하도록 교육할 권리와 책임을 가진다.'라는 내용이 있어. 우리는 이런 법 덕분에 권리를 보호받으며 안심하고 학교에 다닐 수 있는 거야.

이처럼 법은 국민이 살아가면서 누릴 수 있는 권리를 자세히 밝혀 놓고 있어. 또 이 권리를 침해받을 경우에는 어떻게 해야 구제될 수 있는지, 그 방법도 구체적으로 분명하게 알려 주고 있단다.

법이 하는 또 하나의 중요 기능은 분쟁 해결이야. 사람들은 심하게 다투다가 "그럼 법대로 해!"라고 말하는 경우가 있어. 사람들의 입에서는 왜 그런 말이 흔히 튀어나오는 것일까? 그것은 다툼을 해결하는 가장 공평한 방법이 바로 법이기 때문이야.

다툼을 해결하는 가장 좋은 방법은 다툼을 벌이는 사람들끼리 대화와 타협을 통해 서로 만족할 수 있는 합의점을 찾는 거야. 그러나 큰 이해관계가 걸려 있다거나, 의견이 팽팽하게 맞

설 때는 이와 같은 합의점을 찾기가 쉽지 않지.

이럴 때는 누가 봐도 고개를 끄덕거릴 만큼 합리적으로 다툼을 해결할 수 있는 기준이 필요해. 법은 바로 그런 일을 하고 있어. 심하게 다투던 사람들의 입에서 "법대로 하자!"라는 말이 튀어나오는 것도 그 때문이고.

법은 관습이나 도덕 같은 다른 사회 규범과 비교해서 내용이 명확하고, 누구에게나 똑같이 적용돼. 그래서 다툼을 해결하는 객관적이고 공정한 기준이 되는 거야. 또 강제력이 있기 때문에, 어떻게 다툼을 해결할지 결정이 되면 다투던 양쪽 모두가 거기에 따라야 한단다.

법은 다툼을 해결하는 기능만 있는 것이 아냐. 다툼을 예방하는 일도 해. 법이 있기 때문에 사람들은 자신의 행동이 법적으로 옳은지 그른지를 미리 알고, 다툼이 일어나지 않도록 조심해. 그 덕분에 우리 생활 속에서 다툼이 일어나는 일도 줄어드는 것이고.

쓰레기를 이웃집 담 너머로 버린다면 두 집 사이에 다툼이 일어날 것은 뻔해. 하지만 그런 행위는 법에 어긋나는 일이고, 쓰레기는 분리수거 봉투에 넣어 버려야 한다는 것을 우리는 알고 있어. 그래서 우리 주변에서는 쓰레기를 이웃집 담 너머로 버리는 일이 안 일어나지.

법의 종류, 사법과 공법 그리고 사회법

법은 우리 생활의 모든 문제를 다루고 있는 만큼, 왠지 종류도 엄청 많을 것 같지? 그러나 우리 생활의 어떤 분야와 관련이 있느냐에 따라 크게 공법, 사법, 사회법의 세 분야로 나눌 수 있단다.

공법은 개인과 국가 기관 사이에 일어나는 문제를 다루는 법이야. 헌법과 형법이 대표적인 공법이지.

헌법에는 국민의 권리와 의무, 국가의 통치 구조에 대한 내용이 담겨 있어. 형법은 범죄자의 처벌 문제를 다루는 법을 말하고. 공공의 질서를 유지하고 국민을 보호하는 데 매우 중요한 법이지.

그 밖에도 공법에는 재판 절차를 정해 놓은 소송법, 행정 기관의 조직과 그 권한 등을 다루고 있는 행정법이 있어.

사법은 개인과 개인 사이에 일어나는 다툼을 예방하고 해결

사회법이 등장하게 된 배경

유럽에서는 자본주의가 발달함에 따라 '계약 자유의 원칙'이라는 것이 널리 퍼졌어. 개인이 자신의 뜻에 따라 자신의 법률관계를 자유롭게 결정하는 것이 '계약 자유의 원칙'이야.

하지만 자본주의가 크게 발전하면서 이 원칙의 문제점이 드러나기 시작했어. 계약 자유의 원칙에 따라 계약을 하면, 노동자 등의 경제적 약자는 자신에게 불리한 조건이라도 어쩔 수 없이 계약에 응해야만 했거든.

그 결과 노동자는 자본가와 불평등한 계약을 맺게 되었고, 자본가는 노동자를 합법적으로 착취하게 되었어. 계약 자유의 원칙으로 인해 잘사는 사람과 못사는 사람 사이의 빈부 격차가 매우 커지는 등의 부작용이 생긴 거야. 그래서 이러한 문제에 국가에는 적극 개입해야 한다는 목소리가 높아진 거였고.

이와 같은 배경에서 노동법, 사회 보장법, 경제법 같은 '사회법'이 등장하게 되었단다.

하는 데 필요한 법이야.

대표적인 사법으로는 민법을 꼽을 수가 있단다. 민법에는 개인적인 재산 관계와 가족 관계, 다른 사람에게 끼친 피해에 따른 손해 배상, 약혼과 혼인, 유언, 상속 등의 일이 중요 내용으로 들어 있어.

그 외의 사법으로는 상거래 활동의 내용을 다루고 있는 상법 등이 있지.

사회법은 사법의 영역인 개인 사이의 문제에 국가가 끼어드는 새로운 형식의 법이야.

산업화가 진행되고 사회가 복잡해지면서, 사적인 영역에 국가가 개입하는 사회법이 등장하게 되었어. 노동법, 사회 보장법, 경제법 등이 중요 사회법이야.

재판은 어떻게 하는 것일까?

재판이란 다툼이 일어났을 때, 법원에서 법에 따라 일정한 절차를 거쳐 판단을 내리는 것을 말해. 재판은 다툼이 있는 사람들 사이의 갈등을 해결해 줄 뿐 아니라, 다툼을 해결하는 합리적인 기준을 알려 줘. 이로써 다툼을 예방하고 사회 질서를 유지하는 데에도 도움을 주지.

또 무엇이 법을 지키는 일이고 정의로운 일인지를 밝혀 줘서, 법에 담겨 있는 사회 정의와 인권 보호의 정신을 실현하는 데에도 이바지하고 있어.

그럼 재판에는 어떤 종류가 있고, 재판은 어떻게 할까?

먼저 민사 재판을 알아볼까? 민사 재판과 형사 재판은 여러 종류의 재판 가운데 가장 대표적인 재판이거든.

민사 재판은 개인 사이의 다툼에서 피해를 입었다고 생각하는 사람이 법원에 소장을 제출하면 시작돼. 이때 소장을 낸 사람은 '원고', 소송을 당한 사람은 '피고'라고 하지. 원고와 피고는 모두 변호사를 선임할 수 있어.

판사는 원고와 피고가 제출한 증거와 양쪽의 변론을 들어. 그런 다음 어느 쪽의 주장이 옳고 그른지를 제3자의 입장에서 공정하게 판단하고, 법에 따라 판결을 내려.

원고와 피고 모두 재판정에서 내린 판결 내용에 이의를 제기하지 않으면, 양쪽 모두 판결에 따라야 돼. 만약 따르지 않는다면 국가에서 판결 결과를 강제로 집행하지.

형사 재판은 범죄 행위를 한 사람에 대한 재판이야. 검사가 범죄 혐의가 있는 사람(피의자)을 상대로 법원에 청구해서 재판이 시작되지. 이를 '공소 제기'라고 해.

검사의 공소 후에는 피의자를 '피고인'이라고 불러. 형사 재판에서는 검사가 원고, 피의자가 피고인이 되는 거야. 범죄 피해를 입은 사람은 재판의 직접 당사자가 아니라 증인으로서 재판에 참여할 수 있어.

판사는 재판을 통해 피고인에게 정말 죄가 있는지 없는지부터 얼마나 큰 범죄를 저질렀는지를 가려서 형을 선고해.

19세 미만의 청소년이 저지른 범죄나 잘못된 행동은 일반 형사 재판과 분리해서 재판을 하지. 이를 '청소년 보호 재판'이라고 해.

그 외에도 '행정 재판', '가사 재판', '선거 재판'이 있어. 행정 재판은 행정 기관의 잘못으로 개인의 권리가 침해당했을 때, 국가를 상대로 잘못을 바로잡아 달라고 요구하는 재판이야. 가사 재판은 이혼이나 상속 등 가족이나 친족 사이에서 벌어진 다툼을 해결하기 위한 재판이고. 선거 결과에 불만이 있을 경우, 올바른 선거를 치렀는지 가리는 재판이 선거 재판이란다.

이번에는 공정한 재판을 위한 제도에 대해 알아보도록 할까?

판사는 신이 아니므로 재판 결과가 항상 옳다고는 할 수 없어. 곧 재판 과정에 잘못이 있거나, 법관의 판단에 잘못이 있을 수도 있다는 이야기란다.

재판 당사자가 재판 결과를 받아들일 수 없을 경우, 여러 번 재판을 받을 수 있는 '심급 제도'가 있어.

심급 제도는 법원을 상급 법원과 하급 법원으로 나누어, 하급 법원의 판결을 따를 수 없을 경우 상급 법원에 다시 재판을 청구하는 제도야. 이때 상급 법원에 다시 재판을 청구하는 것을 '상소'라고 해.

우리나라는 지방 법원 및 지원(1심), 고등 법원(2심), 대법원(3심), 이렇게 '3심제'를 원칙으로 하고 있어. 1심의 재판 결과를 받아들일 수 없을 경우에는 2심에, 2심의 재판 결과를 받아들일 수 없을 경우에는 3심에 각각 상소할 수 있는 제도야. 이때 1심에서 2심에 상소하는 것을 '항소', 2심에서 3심인 대법원에 상소하는 것을 '상고'라고 하지.

심급 제도는 잘못된 재판 때문에 국민이 피해 입는 것을 방지하기 위한 제도야. 살인죄로 하급 법원에서 사형을 선고받았던 피고인이 최종심인 대법원에서 무죄를 선고받는 경우도 없지 않거든.

또 공정한 재판을 할 수 있도록 헌법은 사법권의 독립을 보장하고 있어. 그래서 법관은 외부의 간섭이나 압력을 받지 않고, 헌법과 법률 그리고 양심에 따라 독립해서 재판을 한단다.